Dietz Berlin

Der verdrängte Kapitalismus.

Möglichkeiten und Grenzen antifaschistischer Wirtschaftspolitik.

Ein Gesprächsband von Sabine Nuss mit Andrej Holm, Stephan Kaufmann, Antonella Muzzupappa und Ingo Stützle.

Dietz Berlin

Die Arbeit an diesem Buch wurde ermöglicht durch ein Fellowship des Centre for Social Critique an der Humboldt-Universität zu Berlin.

Bibliografische Informationen der Deutschen Nationalbibliothek
Die Deutsche Nationalbibliothek verzeichnet diese Publikation in der Deutschen Nationalbibliografie; detaillierte bibliografische Daten sind im Internet über http://dnb.dnb.de abrufbar.

2. Auflage 2026

Franz-Mehring-Platz 1, 10243 Berlin
info@dietzberlin.de

Gestaltung: Andreas Homann
Satz: Kerstin Davies
Lektorat: TEXT-ARBEIT/Stephan Lahrem
Druck und Bindung: Standart Impressa, Vilnius
Printed in Lithuania
ISBN 978-3-320-02433-8

Inhalt

Einleitung

»Make eggs cheap again!«

Als Donald Trump am 5. November 2024 die Wahl zum Präsidenten gewann, reagierte die deutsche Ökonomin Isabella Weber mit einem aufrüttelnden Post auf X und löste damit eine Diskussion aus. Sie fragte: »Können wir jetzt endlich ernsthaft über antifaschistische Wirtschaftspolitik sprechen?«[1] Der Post ging in kürzester Zeit viral. Etliche Medien stürzten sich auf die Ökonomin. Sie wollten wissen, was eine »antifaschistische Wirtschaftspolitik« genau sein solle und welche Ziele damit verfolgt werden. Es folgten Workshops, Ringvorlesungen an Universitäten, Konferenzen und Publikationen, die sich dieser Frage widmeten. Webers Vorstoß wurde in Deutschland vor allem von der Partei Die Linke aufgenommen, aber auch Vertreterinnen und Vertreter der kritischen Wirtschaftswissenschaften, von Jugendorganisationen und Gewerkschaften waren neugierig zu erfahren, was hinter dem Etikett stecken mochte.

Im Nachhinein erklärte Weber, sie sei schockiert gewesen vom Ergebnis der Wahl, aber nicht überrascht. Viele Leute hätten Trump gewählt, weil das Leben für sie immer teurer geworden sei. Die Demokraten hätten es versäumt, »die wirtschaftlichen Sorgen der Wechselwähler wirksam anzusprechen«.[2] Man habe die finanziellen Probleme der Menschen ignoriert. Donald Trump sah das ganz ähnlich: »Einwanderung und Lebensmittel – damit habe ich die Wahl gewonnen«, sagte er im Fernsehsender ABC, »ein sehr einfaches Wort: Lebensmittel. Wissen Sie, wer das Wort jetzt

1 Isabella Weber: »Can we now finally have a serious conversation about an antifascist economics?«, Tweet vom 6.11.2024, https://x.com/isabellamweber/status/1854028015430185234?t=x410JJGBSzsfqO4Npo3iXg.

2 Isabella Weber: Zum Einfluss der Inflation auf die Wahl Donald Trumps. Forum Re-live. Online-Diskussion auf dem Forum New Economy Symposium vom 20.11.2024, Minute 1:30, https://newforum.org/forum-re-live-isabella-weber-zum-einfluss-der-inflation-auf-die-wahl-donald-trumps/.

benutzt? Ich! Ich sage jetzt immer: Lebensmittel. Wenn du Äpfel kaufst, wenn du Speck kaufst, wenn du Eier kaufst – da haben sich die Preise in kürzester Zeit verdoppelt und verdreifacht. Deshalb habe ich die Wahl gewonnen. Wir werden diese Preise senken.«[3] Also propagierte er: »Make eggs cheap again!«. Was zunächst nach einer Verballhornung seines zentralen Wahlkampfslogans »Make America Great Again« – MAGA – klang, war tatsächlich ernst gemeint. Und verfing.

Dass der Post von Isabella Weber so viel Resonanz erfuhr, hatte mehrere Gründe.[4] Die an der University of Massachusetts lehrende Ökonomin ist keine Unbekannte. Ende Dezember 2021, inmitten der Pandemie, war sie in einen internationalen »Shitstorm« geraten, nachdem sie angesichts rasant gestiegener Gaspreise im britischen *Guardian* »strategische Preiskontrollen« erwogen hatte. Sie hatte sich schon zuvor lange mit diesem Thema beschäftigt und betont, dass Preiskontrollen ein äußerst kontroverses wirtschaftspolitisches Werkzeug seien und nur unter ganz bestimmten Umständen ein Mittel der Wahl. Da aber die dominante Sicht auf Inflationsbekämpfung wichtige historische Erfahrungen und Argumente ausblende, sei es an der Zeit, auch über solche Maßnahmen nachzudenken. Im Vorwort zur deutschen Übersetzung ihres Buchs »Das Gespenst der Inflation« konstatierte Weber rückblickend: »Ich hatte mich um vorsichtige Formulierungen bemüht. Aber es stellte sich heraus, dass

3 Alexandra Hutzler: The president-elect said he won in part because of his vow to slash food bills, ABC News, 13.12.204, https://abc7ny.com/post/trump-now-says-bringing-down-grocery-prices-will-be-hard/15651643.

4 Weber war allerdings nicht die Erste, die den Zusammenhang zwischen Wirtschaftspolitik und Antifaschismus aufgebracht hat. Bereits im Juni 2023 prägten die Parteivorsitzende der Linken, Ines Schwerdtner, und der Chefredakteur des Wirtschaftsmagazins *Surplus*, Lukas Scholle, den Slogan »Antifa heißt Wohlfahrtsstaat«; vgl. Ines Schwerdtner/Lukas Scholle: Den Höhenflug der AfD stoppt nur soziale Politik, in: Jacobin, 5.6.2023, https://jacobin.de/artikel/den-hoehenflug-der-afd-stoppt-nur-soziale-politik-bjoern-hoecke-christian-lindner-robert-habeck-antifa-heisst-wohlfahrtsstaat-ines-schwerdtner-lukas-scholle.

das Stichwort ›Preiskontrollen‹ ausreichte, um in den sozialen Medien einen Sturm der Empörung auszulösen.«[5]

Ein Jahr später wurde Weber vom damals amtierenden deutschen Bundeskanzler Olaf Scholz in eine »Gaspreiskommission« eingeladen, um eine Bremse gegen die kriegsbedingt steigenden Gaspreise zu konzipieren. Ein durchschnittlicher Familienhaushalt sparte dadurch im Jahr ihrer Geltung (2023) bis zu 1000 Euro.[6]

Weber war also bereits prominent, als sie den Post absetzte. Hinzu kam, dass sie mit ihrer fordernden Frage offensichtlich einen Nerv getroffen hatte. Wir erleben derzeit die »machtvollste Welle rechter Politik nach dem Zweiten Weltkrieg«, so der Rechtsextremismusforscher Cas Mudde.[7] Rechtsradikale Parteien werden »zunehmend zur Normalität«.[8] Deutschland macht hier keine Ausnahme. Die (vorläufig) als gesichert rechtsextrem eingestufte Partei Alternative für Deutschland gewinnt immer mehr an Zulauf. In vielen Landkreisen wurde sie bei der Bundestagswahl 2025 stärkste Partei. Im Bundestag stellt sie mittlerweile mit 20,8 Prozent der Zweitstimmen und 152 Abgeordneten die zweitgrößte Fraktion. Über die Gründe dieses Phänomens wird viel diskutiert und geforscht. Meist steht das Thema Migration im Fokus. Dabei spielt auch die individuelle wirtschaftliche und finanzielle Lage eine nicht zu unterschätzende Rolle, worauf ich mich im vorliegenden Buch über die »antifaschistische *Wirtschafts*politik« konzentrieren werde. Wenn ökonomische Krisen oder staatliche Sparpolitik die soziale Sicherheit des Einzelnen beeinträchtigen und zu Abstiegsängsten

5 Isabella Weber: Das Gespenst der Inflation. Wie China der Schocktherapie entkam, E-Book, Berlin 2023.

6 Jörg Heidjann: Was ist die Gaspreisbremse?, https://www.stromauskunft.de/gas/gaspreisbremse.

7 Cas Mudde: Rechtsaußen. Extreme und radikale Rechte in der heutigen Politik weltweit, Bonn 2020, S. 15.

8 Ebd.

oder existenzieller Verunsicherung führen, ist das auch ein Grund, warum die Menschen rechte Parteien wählen. Zu diesem Ergebnis kommen wenigstens eine ganz Reihe von unterschiedlichen Studien. Diese Perspektive habe inzwischen in Teilen der Profession große Übereinstimmung produziert, schreibt der Ökonom Frederik Heussner, auch wenn sich die konkreten Positionen im Einzelnen stark unterscheiden würden.[9] Die unter Ökonominnen und Ökonomen verbreitete Theorie über die Wahl rechtspopulistischer und extrem rechter Parteien besage, »dass steigende soziale Ungleichheit und sozialräumliche Benachteiligung, zunehmende soziale Unsicherheit und das Gefühl von Kontrollverlust wesentliche Motivatoren für die Wahl rechtspopulistischer und extrem rechter Parteien«[10] seien. Das habe sich auch bei der »Berlin Summit Declaration« des Forums New Economy gezeigt. Dieses Netzwerk progressiver Ökonominnen und Ökonomen hatte im Mai 2024 auf der Tagung »Winning Back the People« eine Erklärung veröffentlicht, die von »eher linken Ökonom:innen«[11] wie Thomas Piketty oder Mariana Mazzucato unterstützt wurde, aber auch von »zentralen Stimmen aus dem Mainstream der Profession«. Ausgehend von oben genanntem Zusammenhang sei man sich einig gewesen, »dass die Erfolge populistischer Politik auf Wut, Misstrauen und die Erfahrung von Kontrollverlust zurückgeführt werden können«,[12] wobei laut *Berliner Erklärung* das Gefühl der Machtlosigkeit auch durch »Schocks der Globalisierung sowie des technologischen Wandels«[13] aus-

9 Frederick Heussner: Antifaschistische Ökonomik? Na klar! Aber was heißt das?, in: Exploring Economics, November 2024, https://www.exploring-economics.org/de/entdecken/antifaschistische-oekonomik.

10 Ebd.

11 Ebd.

12 Ebd.

13 Forum New Economy: The Berlin Summit Declaration – Winning back the people, 29.5.2024, https://newforum.org/wp-content/uploads/2024/07/DE_The-Berlin-Summit-Declaration_Winning-back-the-people.pdf.

gelöst worden sei und nun durch den Klimawandel, künstliche Intelligenz und den Inflationsschock verstärkt würde. Jahrzehnte »schlecht gemanagter Globalisierung, ein übermäßiges Vertrauen in die Selbstregulierung der Märkte und Austeritätspolitik« habe die Fähigkeit der Regierungen untergraben, wirksam auf solche Krisen zu reagieren.[14]

Da kam Webers Aufruf, sich über eine »antifaschistische Wirtschaftspolitik« Gedanken zu machen, gerade recht. Endlich schien es eine handfeste und anschlussfähige Idee gegen die Verschiebung der politischen Tektonik nach rechts zu geben, und das aus berufenem Mund. »Antifaschistische Wirtschaftspolitik« wirkte wie ein Zauberspruch, mindestens aber barg er eine Hoffnung, die Hoffnung, dass sich endlich, nach vier Jahrzehnten neoliberaler Ideologie und Praxis, ein breiter Zuspruch aller Demokratinnen und Demokraten zu einer alternativen Wirtschaftspolitik mobilisieren ließe. Mittlerweile wird auch eine »antifaschistische Rentenpolitik«[15] gefordert, von einem »sozialen Antifaschismus«[16] ist ebenso die Rede, gar von der »Ökonomen-Antifa«.[17]

Allerdings lag weder von Isabella Weber noch von anderer Seite zum Zeitpunkt des Entstehens des vorliegenden Buchs eine *ausgearbeitete* Konzeption einer »antifaschistischen Wirtschaftspolitik« vor. Was es gibt, ist eher ein »Maßnahmenbündel [...], im Grunde eine Handvoll keyne-

---

14 Ebd.

15 Olivier David: Antifaschistische Rentenpolitik. Einen Weg aus der Altersarmut gibt es nur kollektiv, in: nd, 26.11.2024, https://www.nd-aktuell.de/artikel/1187063.altersarmut-antifaschistische-rentenpolitik.html.

16 Lia Becker: Der Horizont eines sozialen Antifaschismus, in: Zeitschrift LuXemburg 1/2025, https://zeitschrift-luxemburg.de/artikel/der-horizont-eines-sozialen-antifaschismus; Mario Candeias: Allianz eines sozialen Antifaschismus, in: Blog Institut Solidarische Moderne, 12.5.2025, https://www.solidarische-moderne.de/de/article/726.allianz-eines-sozialen-antifaschismus-kein-kartell-der-parteien.html.

17 Stephan Kaufmann: Die Ökonomen-Antifa. Welche Wirtschaftspolitik könnte gegen den Rechtstrend helfen?, in: nd, 29.11.2024, https://www.nd-aktuell.de/artikel/1187171.linke-wirtschaftspolitik-die-oekonomen-antifa.html.

sianischer Reformvorschläge«, wie es Astrid Zimmermann im Magazin *Jacobin* provokant genannt hat.[18] Beispielhaft dafür stehen Vermögenssteuer, Mietendeckel oder staatliche Investitionen in eine grüne Industriepolitik sowie Preiskontrollen zur Eindämmung von Inflation. Mit dem »altsozialdemokratisch klingenden Panorama an Vorschlägen«,[19] so Tom Strohschneider, soll die Verteilung des gesellschaftlich produzierten Reichtums gerechter werden, die Schere zwischen Arm und Reich kleiner. Finanziell schlechter gestellte Menschen sollen in Krisenzeiten besser vor materieller Verschlechterung geschützt und die vom grünen Strukturwandel Betroffenen mitgenommen werden. Kurz: Das Ziel ist ein höheres Maß an sozialer Sicherheit und gesellschaftlicher Integration. Das, so die Hoffnung, würde Menschen davon abhalten, sich rechten Parteien zuzuwenden.

Die Debatte um »antifaschistische Wirtschaftspolitik« soll hier zum Anlass genommen werden, sich beispielhaft mit den vier oben erwähnten Maßnahmen auseinanderzusetzen. Worum geht es dabei genau, wo liegt ihr angenommenes Potenzial für mehr soziale Sicherheit und Integration? Wo stoßen diese Instrumente an Grenzen? Natürlich hätte man sich auch unabhängig von diesem aktuellen Diskurs mit diesen ja schon lange bekannten Reformen beschäftigen können. Da diese aber mit der Hoffnung verknüpft werden, das Erstarken der Rechten eindämmen zu können, lohnt es sich, die Maßnahmen genauer auf den Prüfstand zu

18 Astrid Zimmermann: Antifaschistische Wirtschaftspolitik ist gut, aber nicht genug, in: Jacobin, 30.5.2025, https://jacobin.de/artikel/klassenkampf-rechtsruck-solidaritaet-arbeitskampf-organisierung-antifa-linke-rechtsextremismus-afd-populismus.

19 Tom Strohschneider: Hat man sich die falschen Kämpfe ausgesucht?, in: Linke tl;dr, 22.6.2025, https://engelbecken.substack.com/p/hat-man-sich-die-falschen-kampfe?utm_source=substack&utm_medium=email. In diesem Beitrag findet sich eine empfehlenswerte kommentierte Übersicht von Artikeln zu den verschiedenen Vorstellungen einer »antifaschistischen Wirtschaftspolitik«.

stellen und die ihnen zugrunde liegenden Annahmen eingehender zu beleuchten. Deren gibt es mehrere: Erstens: »Antifaschistische Wirtschaftspolitik« kann zu sozialem Ausgleich und gesellschaftlicher Integration beitragen. Zweitens: Menschen wählen auch aufgrund von sozioökonomischen Krisenerfahrungen rechts. Drittens: Gesellschaftliche Integration durch eine entsprechende Wirtschaftspolitik kann dem Erstarken der Rechten etwas entgegensetzen. Zwar ist es auch unter den Verfechterinnen und Verfechtern einer »antifaschistischen Wirtschaftspolitik« Konsens, dass Menschen nicht nur aus Gründen sozialer Unsicherheit und materieller Verschlechterung rechts wählen, denn nicht nur diejenigen, die von Abstiegsangst oder von Krisen betroffen sind, wählen rechts. Menschenfeindliche Ideologien sind weit verbreitet und nicht auf bestimmte Einkommensschichten oder Bevölkerungsgruppen beschränkt. Im vorliegenden Buch soll versucht werden, gesellschaftliche Tiefenstrukturen freizulegen, die das verständlich machen. Damit soll das Spektrum der Motive, wieso Menschen sich rechten Ideologien zuwenden, über den ewigen Rekurs auf Migrationspolitik hinaus erweitert werden. Und zugleich soll es dazu dienen, ein anderes Licht auf das angenommene emanzipatorische Potenzial einer »antifaschistischen Wirtschaftspolitik« zu werfen, mit der Absicht, den Horizont möglicher alternativer Politiken weiter zu spannen.

In einem einleitenden Teil (erstes Kapitel) wird zunächst das Programm einer »antifaschistischen Wirtschaftspolitik«, so weit zum gegenwärtigen Zeitpunkt bekannt, skizziert. Kursorisch sollen dabei einige ausgewählte Studien über die sozioökonomischen Motive der Wahl rechter Parteien vorgestellt werden. Sie verdeutlichen, wieso der Aufruf zu einer sozialen, alternativen Wirtschaftspolitik unmittelbar plausibel erscheint. Der Terminus »antifaschistische Wirtschaftspolitik« transportiert die Botschaft, dass Faschismus drohe oder dass wir es bereits mit faschistischen Gesellschaften zu tun hätten. Ein kurzer Exkurs zum Thema Faschismus soll daher – mit den nötigen Einschränkungen – diesen Teil abschließen.

In einem nächsten Schritt (zweites Kapitel) werden die vier oben erwähnten Maßnahmen auf den Prüfstand gestellt hinsichtlich ihrer Verfasstheit, ihrer Möglichkeiten und ihrer Grenzen. Dazu habe ich mit vier Personen gesprochen. Auf je unterschiedliche Weise setzen diese sich mehr oder weniger explizit aus der Perspektive der marxschen Kritik der Politischen Ökonomie mit den entsprechenden Themen auseinander: der Politologe Ingo Stützle, Editor der Marx-Engels-Werke beim Karl Dietz Verlag mit dem Thema Vermögenssteuer, der Stadtsoziologe Andrej Holm von der Humboldt-Universität mit dem Thema Mietendeckel, der Wirtschaftskorrespondent Stephan Kaufmann mit dem Thema Inflation und Preiskontrollen und Antonella Muzzupappa, Referentin für Politische Ökonomie bei der Rosa-Luxemburg-Stiftung, mit dem Thema staatliche Investitionen. Eine Bilanzierung der Gespräche schließt dieses Kapitel ab. Damit sollen die tiefer liegenden strukturellen Zusammenhänge – insbesondere Herrschaftsverhältnisse und zentrale Handlungsmodi einer kapitalistischen Ökonomie – verdeutlicht werden. Sie kommen, so eines der zentralen Ergebnisse des vorliegenden Buchs, in den diskutierten Reformvorschlägen wenig zum Tragen. Unabhängig davon, ob diese grundlegenden Strukturen bewusst oder unbewusst ungenannt bleiben – es erinnert stark an den berühmten Elefanten, der mitten im Raum steht, aber von niemandem angesprochen wird. Damit sind prägende Strukturen kapitalistischer Vergesellschaftung in der Diskussion über »antifaschistische Wirtschaftspolitik« verdrängt. Es sind aber gerade diese Tiefenstrukturen, die den rechten Ideologien Anschlussmöglichkeiten bieten. In einem dritten Kapitel soll das ausgeführt werden.

Was ist »antifaschistische Wirtschaftspolitik«?

»Antifaschistische Wirtschaftspolitik« zielt vor allem darauf ab, den Aufstieg rechtsextremer Parteien durch eine sozial ausgleichende Wirtschaftspolitik einzudämmen. Dabei spielt der Staat eine zentrale Rolle. Nach mehreren Jahrzehnten des Neoliberalismus, so äußerte sich Isabella Weber im November 2024 in einem Interview in der *tageszeitung,* sei es den Menschen »systematisch abgewöhnt« worden, »einen gestalterischen Staat zu denken«.[20] »Antifaschistische Wirtschaftspolitik« soll genau das wieder wagen und »die Leute mit wirklichen Alternativen zurückgewinnen, sodass die Rechten nicht die einzige Option sind, die den Status quo infrage stellen«.[21] »Antifaschistische Wirtschaftspolitik« fährt dabei zweigleisig: Zum einen reagiert sie kurzfristig auf Krisen, indem sie durch staatliche Eingriffe die schlimmsten sozialen Verwerfungen abmildert. Zum anderen ist sie langfristig angelegt: Da die Ökonomie angesichts des Klimawandels umgebaut werden müsse, brauche es eine gezielte grüne Reindustrialisierung. Diese allerdings solle die Menschen mitnehmen und nicht vor den Kopf stoßen, wie das Weber zufolge in Deutschland mit dem umstrittenen Heizungsgesetz passiert ist.[22] »Antifaschistische Wirtschaftspolitik« zielt daher nicht nur auf

20 Isabella Weber: »Angst ist ein wichtiger Faktor. Ökonomin Weber zu Wirtschaft unter Trump«, Interview, in: die tageszeitung, 11.11.2024, unter: https://taz.de/Oekonomin-Weber-zu-Wirtschaft-unter-Trump/!6047444.

21 Ebd.

22 »Die sozial-ökologische Transformation muss gerecht sein, sonst leiden die Menschen am unteren Ende der Gesellschaft am meisten darunter, und die fortschrittlichen Kräfte verlieren bei Wahlen gegen klimaskeptische Parteien. Wenn die Menschen glauben, dass ihre ineffizienten Heizungssysteme entfernt werden und sie im Winter frieren müssen, werden sie sich natürlich dagegen wehren. Aber wenn man sagt, dass jeder Vermieter auf Wunsch des Mieters eine Wärmepumpe bereitstellen muss und der Staat sie dabei unterstützt, wird die Reaktion der Mehrheit der Mieter ganz anders ausfallen« (Isabella Weber: »Fünf antifaschistische Wirtschaftsvorschläge, um den Rechtsruck zu stoppen«, Interview, in: Der Freitag, 16.12.2024, https://www.freitag.

eine gerechtere Verteilung des Wohlstands, sondern umfasst auch Elemente einer größeren Partizipation der Bevölkerung an wichtigen gesellschaftspolitischen Entscheidungen.

Für die kurzfristige und unmittelbare Reaktion auf Krisen prägte Weber den Begriff des »wirtschaftspolitischen Katastrophenschutzes«.[23] So können Kriege und Katastrophen Preisschocks nach sich ziehen, wie zum Beispiel nach dem russischen Angriff auf die Ukraine, als die Gaspreise in die Höhe schossen. »Die Bedürfnisse der Menschen dürfen nicht als Kollateralschaden freier Preise behandelt werden«, so Weber.[24] Sie fordert daher Preiskontrollen für strategisch wichtige Güter wie beispielsweise Energie oder ein Absenken der Mehrwertsteuer auf Lebensmittel. Teil des »Katastrophenschutzes« sind zudem »strategische Reserven«. So soll der Staat Gas- oder Getreidespeicher vorhalten als »Pufferlager«,[25] damit er in Situationen der Knappheit den Markt selbst bedienen kann, sodass die Preise nicht oder nicht so stark steigen. Übergewinnsteuern sind ebenfalls Teil des Konzepts. Unternehmen, die krisenbedingte Knappheiten nutzen, um überdurchschnittlich hohe Gewinne zu machen, gehören abgeschöpft. Webers Appell an die Politik: »Kurzfristig sollten sich progressive Parteien für eine Mietpreisbremse einsetzen, die Energiepreisbremsen als Versicherung gegen zukünftige Schocks wiederbeleben, das Netzentgelt senken und Maßnahmen ergreifen, um sicherzustellen, dass Energieunternehmen diese Steuererleichterung weitergeben. Außerdem brauchen wir Übergewinnsteuern für Unternehmen, die Rekordgewinne erzielt haben. Wir brauchen auch entschlossene Maßnahmen im Bereich der Lebensmittel-

de/autoren/nina-scholz/isabella-weber-fuenf-antifaschistische-wirtschafts-ideen-gegen-den-rechtsruck).

23 Ebd.

24 Weber: »Angst ist ein wichtiger Faktor«.

25 Weber: »Fünf antifaschistische Wirtschaftsvorschläge«.

preise. Politiker müssen sich mit einer monopolisierten Lebensmittelbranche auseinandersetzen, in der Supermarktketten, Lebensmittelproduzenten sowie -händler oft die Krise auf Kosten der Verbraucher ausgenutzt haben.«[26]

Der »Gesellschaftsvertrag«, so Webers Kritik, sei durch massive soziale Ungleichheit infrage gestellt, was zu einer Grundskepsis gegenüber dem System führe: »Die Leute gehen zur Arbeit, erfüllen ihren Teil des Gesellschaftsvertrags und müssen sich dann Sorgen machen, ob sie ihren Einkauf bezahlen können. Und gleichzeitig fahren Unternehmen, insbesondere in den essenziellen Sektoren wie Energie, Lebensmittel, Rohstoffhandel und Schifffahrt, Jahrhundertrekordgewinne ein. Menschen bekommen das Gefühl, dass sich die Regierung in einer Notlage nicht für ihre Grundbedürfnisse eingesetzt hat und sie dem Gewinnstreben schutzlos ausgesetzt waren.«[27] Durch deutliche Lohnerhöhungen, eine Abschaffung der Schuldenbremse, Entlastungen bei Steuern und Abgaben für untere und mittlere Einkommen sowie eine höhere Besteuerung von Vermögen und Kapitaleinkünften soll eine Umverteilung stattfinden. Auch eine Stärkung von Arbeitnehmerrechten und Tarifbindung soll Teil dieser Politik sein.

Allgemein will Weber eine Wirtschaftspolitik, »die von den Bedürfnissen, von den Sorgen der Leute ausgeht«.[28] Sie sieht eine grüne Reindustrialisierung angesichts des Klimawandels als unumgänglich an. Allerdings müssten auch grüne Investitionen auf die Bedürfnisse der Menschen zugeschnitten sein. »Einen Solarpark zum Beispiel kann man so bauen, dass alle Leute sich darüber ärgern, weil er dort ist, wo man spazieren geht. Oder man baut Solarpaneele auf Parkhäuser und Supermärkte und entlang den Autobahnen, viel-

26 Ebd.

27 Weber: »Angst ist ein wichtiger Faktor«.

28 Ebd.

leicht sogar so, dass dabei noch Schallschutz entsteht.«[29] So integriere man die Bedürfnisse der Leute systematisch in den Ausbau einer ökologischen Infrastruktur. »Das ist nur ein kleines Beispiel, aber es geht mir um die grundsätzliche Philosophie der grünen Transformation, in der das Prinzip der Gerechtigkeit ein integraler Bestandteil sein muss – andernfalls wird sie scheitern.«[30] Um das konkret umzusetzen, so Weber weiter, müssten sektorale Strategien entwickelt werden, die Schlüsselbereiche wie Energie, Verkehr, Wohnen, Ernährung und Landwirtschaft betreffen. Jeder dieser Sektoren benötige eine Strategie, die Dekarbonisierung mit einer Verbesserung des Lebensalltags verbindet. Dabei müsse es »natürlich [...] darum gehen, die Wettbewerbsfähigkeit der deutschen Unternehmen zu stärken. Aber Ziel muss auch sein, so zu investieren, dass es das Leben der Leute, die von den Investitionen betroffen sind, unmittelbar positiv beeinflusst.«[31] In einem Vortrag im Rahmen des Forums New Economy 2025 bezieht sich Weber auf Umberto Ecos Konzept des »Ur-Faschismus« und macht die Dringlichkeit deutlich, mit der man einem neuen Faschismus entgegentreten müsse. Sie skizziert dazu – inspiriert von Karl Polanyis Kritik der Marktgesellschaft – einen neuen »antifaschistischen wirtschaftspolitischen Rahmen«. Dazu zählt sie die Verringerung der Vermögensungleichheit, da die Macht einiger weniger Superreicher sowie monopolartiger Großkonzerne im Widerspruch zur Demokratie stehe. Außerdem sollen wesentliche Infrastrukturen, die grundlegende Bedürfnisse stillen (wie Energie, Gesundheit, Care etc.), von der Selbstregulation der Märkte befreit werden. Sie müss-

29 Ebd.

30 Ebd.

31 Isabella Weber: »Höhere Staatsausgaben bremsen den Aufstieg der AfD«, Interview, in: Der Spiegel, 27.1.2025, https://www.spiegel.de/wirtschaft/soziales/oekonomin-isabella-weber-hoehere-staatsausgaben-bremsen-den-aufstieg-der-afd-a-8185f156-8ec6-4312-aa40-09dee34b494d.

ten anders und neu organisiert werden, sodass die Grundbedürfnisse aller befriedigt werden können. Es brauche darüber hinaus eine Jobgarantie sowie die Überwindung der Dichotomie von Protektionismus und Freihandel. Es müsse ein neuer Weg der globalen Ökonomie gefunden werden.[32]

Unterschiedliche Akteure aus dem progressiven Spektrum haben positiv auf die Forderung nach einer »antifaschistischen Wirtschaftspolitik« Bezug genommen. Die Partei Die Linke zum Beispiel veröffentlichte im Januar 2025 ein Strategiepapier, in dem sie darauf verwies, dass die Furcht vor höheren Lebenshaltungskosten im vorangegangenen Oktober bei einer Umfrage mit 57 Prozent auf Platz eins der größten Ängste landete. Eine Politik, die diese Bedürfnisse nicht adressiere, bereite den Nährboden für die AfD, so heißt es dort, und zwar »gerade im Osten«.[33] Nun sei das Erstarken faschistischer Kräfte nicht allein mit ökonomischen Fehlentwicklungen zu erklären, aber: »Die durch vergangene Regierungen verursachte ökonomische Misere und soziale Spaltung haben rechten Kräften massiv Auftrieb verliehen.«[34] Es bräuchte daher eine Umkehr in der Wirtschafts- und Sozialpolitik, »mit spürbaren Verbesserungen für die vielen Menschen im alltäglichen Leben«.[35] Preise und Mieten müssten reguliert, Löhne erhöht und die Tarifbindung gestärkt werden; massive Investitionen und eine Besteuerung der Reichen würden dem Aufkommen rechter Kräfte entgegenwirken: »Es ist im Ergebnis eine antifaschistische Wirtschaftspolitik.«[36]

32 Isabella Weber über antifaschistische Wirtschaftspolitik, Forum New Economy, Berlin Summit 2025, 17.6.2025, https://www.youtube.com/watch?v=mIusrmGXR0&t=1s.

33 Ines Schwerdtner: Wirtschaft für die Mehrheit. Demokratische Kontrolle zurückgewinnen, 13.11.2025, https://www.die-linke.de/start/nachrichten/detail/wirtschaft-fuer-die-mehrheit.

34 Ebd.

35 Ebd.

36 Ebd.

Höhere Miete – mehr AfD?

Grundlage der Debatte um »antifaschistische Wirtschaftspolitik« sind, wie bereits erwähnt, unter anderem die Ergebnisse von Studien zu den Motiven von Menschen, sich rechten Bewegungen anzuschließen oder rechts zu wählen. In den vergangenen Jahren sind einige Untersuchungen erschienen, in denen es vor allem um den Einfluss von sozialen und ökonomischen Faktoren geht. Eine der Studien untersuchte italienische Gemeinden mit weniger als 5000 Einwohnerinnen und Einwohnern, in denen nach einer Verwaltungsreform der Zugang zu verschiedenen öffentlichen Dienstleistungen (Gesundheitsversorgung, Bildung, Transport etc.) eingeschränkt wurde.[37] Dort nahm die Unterstützung der extremen Rechten bei nationalen Wahlen stärker zu als in anderen Gemeinden, außerdem entwickelten die Menschen dieser Gemeinden eine kritischere Haltung gegenüber Migration. Eine weitere Studie kommt anhand von Wahlergebnissen in mehreren europäischen Ländern zu dem Schluss, dass Haushaltskonsolidierungen zu einem deutlichen Anstieg der Stimmenanteile extremer Parteien, einer zunehmenden Fragmentierung und einer geringeren Wahlbeteiligung führen. Im Durchschnitt habe eine Kürzung der regionalen öffentlichen Ausgaben um ein Prozent zu einem Anstieg des Stimmenanteils extremer Parteien um rund drei Prozentpunkte geführt. Die Studie betont, dass Sparmaßnahmen die »politischen Kosten« von Konjunkturabschwüngen im Vergleich zu Rezessionen ohne Sparmaßnahmen erheblich verstärken.[38] Eine Studie von 2019 legt nahe, dass die Sparpolitik der konservativen Regierung Großbritanniens maßgeb-

37 Simone Cremaschi/Paula Rettl/Marco Cappelluti/Catherine E. De Vries: Geographies of Discontent. Public Service Deprivation and the Rise of the Far Right in Italy, Working Paper 24-024, 1.11.2023, Harvard Business School.

38 Ricardo Duque Gabriel/Mathias Klein/Ana Sofia Pessoa: The Political Costs of Austerity, Working Paper Series No. 418, Sveriges Riksbank, Stockholm 2022.

lich zum Brexit im Jahr 2016 beigetragen habe. So erzielte die rechte Partei Ukip in Regionen, die besonders von den Kürzungen betroffen waren, hohe Zugewinne. Wählerinnen und Wähler von Ukip waren überwiegend für den EU-Austritt.[39]

Einer weiteren Studie zufolge deuten »Umfrageexperimente mit insgesamt 8800 Befragten in Deutschland, Portugal, Spanien und dem Vereinigten Königreich« darauf hin, dass die Auswirkungen der Sparpolitik auf die Polarisierung besonders ausgeprägt sind, wenn die Mainstream-Parteien der Rechten und der Linken beide fiskalische Restriktionen aufrechterhalten, das heißt, wenn auch sozialdemokratischen Regierungen sparen. Auch in sowieso schon wirtschaftlich schwachen Regionen, in denen Sparmaßnahmen durchgeführt wurden, gewannen rechtsradikale Parteien deutlich stärker an Stimmen als linke Parteien. Umgekehrt seien rechte Stimmenanteile zurückgegangen, sobald der Staat Geld für Soziales, Infrastruktur etc. ausgegeben hatte. So habe beispielsweise eine zusätzliche EU-Fördersumme von einem Prozent des verfügbaren Einkommens in bestimmten Regionen Italiens den Stimmenanteil populistischer Parteien um fünf Prozentpunkte gedrückt.[40] Zu einem ähnlichen Schluss kommt auch eine Studie des Instituts für Weltwirtschaft Kiel. Dort wurde der Einfluss der europäischen Regionalförderung auf die Wahlresultate bei den Europawahlen zwischen 1999 und 2019 in allen 27 EU-Mitgliedsstaaten analysiert. Ergebnis: In Regionen, die EU-Fördermittel erhielten, sank der Stimmenanteil rechtspopulistischer Parteien durchschnittlich um 15 bis 20 Prozent bzw. zwei bis drei Prozentpunkte: »Konkret führen 100 Euro EU-Regionalförderung pro Kopf zu einem Rückgang des Stimm-

39 Thiemo Fetzer: Did Austerity cause Brexit?, in: American Economic Review, Bd. 109, November 2019, S. 3849–3886.

40 Giuseppe Albanese/Guglielmo Barone/Guido de Blasio: Populist voting and losers' discontent: Does redistribution matter?, in: European Economic Review, Bd. 141/2022, Artikel Nr. 104000.

anteils rechtspopulistischer Parteien um etwa 0,5 Prozentpunkte in einer durchschnittlich geförderten Region.«[41]

Auch eine aktuelle Studie der Friedrich-Ebert-Stiftung bilanziert, dass sich sowohl in Ost- als auch in Westdeutschland eine deutliche Korrelation zwischen dem Zustand der Daseinsvorsorge und dem Wahlerfolg der AfD zeige: »Wo soziale Infrastruktur, Bildungsqualität und Breitbandversorgung besser ausgebaut sind, fallen die AfD-Ergebnisse tendenziell niedriger aus, während die Wahlbeteiligung eher höher liegt.«[42] Und Isabella Weber konstatiert in einer Analyse mit dem Ökonomen Tom Krebs, dass im Gefolge der Gaspreisbremse die Zustimmungswerte zur AfD stagnierten.[43] Gegenüber dem *Spiegel* sagte sie: »Wir Ökonomen tun gern so, als sei unsere Disziplin politisch neutral. Das stimmt so einfach nicht: Wirtschaftspolitik hat massive Konsequenzen für die Stabilität der Demokratie. Man sieht das an der Gaspreisbremse. Nachdem sie beschlossen war, stagnierten auf einmal die Zustimmungswerte für die extreme Rechte. In den Monaten zuvor hatten sie stets zugenommen.«[44] Weber bezieht sich in ihren Interviews mitunter auf Beispiele, die den Einfluss staatlicher Wirtschaftspolitik auf die Entwicklung rechter Parteien illustrieren sollen: »In Spanien ging die Regierung viel weiter und setzte ein umfassendes Maßnahmenpaket um, einschließlich Mietkontrollen, gedeckelten Gaspreisen und öffentlichem Nahverkehr, Mehrwertsteuersenkungen auf Grundnahrungsmittel und Übergewinnsteuern für Banken. Die rechtsextreme Vox-Partei verlor dadurch

41 Robert Gold/Jakob Lehr: Regionalpolitik wirkt gegen Populismus, Institut für Weltwirtschaft, Kiel, 9.4.2024, https://www.ifw-kiel.de/de/publikationen/aktuelles/regionalpolitik-wirkt-gegen-populismus.

42 Julia Bläsius/Elisabeth Bollrich/Jonathan Overmeyer: Abgebaut, abgehängt, abgewählt. Wie kann Daseinsvorsorge die Demokratie stärken?, Studie der Friedrich-Ebert-Stiftung, Juli 2025, https://library.fes.de/pdf-files/a-p-b/22243.pdf, S. 6.

43 Weber: »Fünf antifaschistische Wirtschaftsvorschläge«.

44 Weber: »Höhere Staatsausgaben bremsen den Aufstieg der AfD«.

bei der vorgezogenen Wahl 2023 erheblich an Boden.«[45] Zwar könne der Staat nicht grenzenlos Schulden machen, aber, so Weber, wenn er das dann tue, könne dies genutzt werden, »um den weiteren Aufstieg der AfD zu bremsen«.[46] Das Festhalten an der Schuldenbremse sei eine Gefahr für die Demokratie in einer Zeit, »in der die AfD Umfragewerte von über 20 Prozent erreicht«.[47] Eine Verschlechterung der sozioökonomischen Lebensbedingungen durch staatliche Sparpolitik, so die Annahme, ebne dem Faschismus den Weg: »Der Zusammenhang zwischen Sparpolitik und Faschismus ist historisch extrem gut belegt.«[48] Ähnlich schreibt die Arbeitsgruppe Alternative Wirtschaftspolitik auf ihrem Blog: »Der Zusammenhang zwischen wirtschaftlichen Krisen und dem Erstarken des Faschismus sei historisch belegt.«[49]

Nicht nur nach staatlichen Sparmaßnahmen haben Forscherinnen und Forscher eine Hinwendung zu Rechten beobachtet. Die Studie »Inflation Surprises and Election Outcomes« analysierte zum Beispiel 365 Wahlen in 18 Industrieländern zwischen 1948 und 2023. Das Ergebnis: Ein »Inflationsschock« von zehn Prozentpunkten in Verbindung mit unterdurchschnittlich wachsenden Reallöhnen habe zu einem Anstieg des Stimmenanteils populistischer und extremistischer Parteien um 2,8 Prozentpunkte geführt.[50] Ähn-

45 Weber: »Fünf antifaschistische Wirtschaftsvorschläge«.

46 Weber: »Höhere Staatsausgaben bremsen den Aufstieg der AfD«.

47 Isabella Weber: »Eine antifaschistische Wirtschaftspolitik ist dringender denn je«, Interview, in: Süddeutsche Zeitung, 27.1.2025, S. 14.

48 Weber: »Angst ist ein wichtiger Faktor«.

49 Uwe Foullong: Aus der Geschichte lernen: Antifaschistische Wirtschaftspolitik gegen Rechtsextremismus, in: Blog der Arbeitsgruppe Alternative Wirtschaftspolitik e.V., 18.12.2024, https://www.alternative-wirtschaftspolitik.de/de/article/10656887.antifaschistische-wirtschaftspolitik.html.

50 Jonathan Federle/Cathrin Mohr/Moritz Schularick: Inflationsschocks stärken extremistische und populistische Parteien bei Wahlen, Institut für Weltwirtschaft, Kiel, 4.12.2024, https://www.ifw-kiel.de/de/publikationen/aktuelles/inflationsschocks-staerken-extremistische-und-populistische-parteien-bei-wahlen.

liches wird für steigende Mieten ausgesagt. Maxine Fowé und Isabella Weber zitieren in einem Artikel unter der Überschrift »Mietenstopp gegen rechts« eine Studie, wonach bei einer Erhöhung der Miete um einen Euro pro Quadratmeter der Stimmenanteil der AfD bei Geringverdienenden um bis zu vier Prozentpunkte gestiegen sei. Allerdings werde dort auch darauf verwiesen, dass man gar nicht unbedingt persönlich betroffen gewesen sein müsse. Es gehe vielmehr um das »existenzielle Gefühl, durch immer stärker steigende Wohnkosten in der Nachbarschaft bedroht zu werden. Menschen, die dazu übergehen, extrem rechte Parteien wie die AfD zu wählen, muss es materiell nicht unbedingt schlecht gehen. Es reicht ein Ohnmachtsgefühl und die Angst vor Statusverlust.«[51]

Statusverlust ist ein in der Literatur immer wieder genannter Grund für die Hinwendung zu rechten Parteien. Die Studie »Who Is Left Behind? Economic Status Loss and Populist Radical Right Voting«[52] belegt, dass rechte Parteien besonders dort Stimmen gewannen, wo soziale Gruppen einen relativen wirtschaftlichen Statusverlust gegenüber anderen Gruppen erlitten hätten, unabhängig davon, ob ihr absolutes Einkommen gesunken war oder nicht. Auch dass Menschen, die ökonomisch schlechter dastehen als ihre Eltern, signifikant häufiger rechtspopulistische Parteien wählen würde, hat jüngst eine Studie ergeben.[53]

Angesichts dieser großen Zahl an Studienergebnissen scheint der Ruf nach einer »antifaschistischen Wirtschafts-

51 Maxine Fowé/Isabella Weber: Mietenstopp gegen rechts, in: Surplus. Das Wirtschaftsmagazin, 24.4.2025, https://www.surplusmagazin.de/mietenstopp-rechts-afd-wohnen-miete. Die Studie, auf die die beiden verweisen: Guiseppe Ciccolini: Who is Left Behind? Economic Status Loss and Populist Radical Right Voting, 14.4.2025, unter: https://www.cambridge.org/core/journals/perspectives-on-politics/article/who-is-left-behind-economic-status-loss-and-populist-radical-right-voting/8DD23A6C5454488E7F41F7C5633B095F.

52 Ciccolini: Who is Left Behind?.

53 Alan Jacobs/Mark Kayser: Downward Mobility and Far-Right Party Support: Broad Evidence, in: Comparative Political Studies, 27.6.2025, https://doi.org/10.1177/00104140251349663.

politik« mehr als plausibel. Allerdings ist dabei zweierlei zu berücksichtigen. Zum einen, dass in Umfragen die Wählerinnen und Wähler häufig sozioökonomische Gründe gar nicht als erstes Motiv für die Wahl der AfD angeben. An erster Stelle steht für sie die Begrenzung der Zuwanderung[54] – was durchaus in einem Zusammenhang mit der Ökonomie steht, wenn Migrantinnen und Migranten beispielsweise als Konkurrenz um Ressourcen wahrgenommen werden.

Der zweite Einwand ist methodischer Art. Eine statistische Beziehung (Korrelation) ist nicht notwendigerweise eine Kausalität. Wenn beispielsweise in mehreren europäischen Regionen beobachtet werden kann, dass dort, wo mehr Störche nisten, auch mehr Babys geboren werden (Korrelation), dann liegt das kaum daran, dass die Störche die Babys bringen. Vielmehr beruht der beobachtete Zusammenhang darauf, dass ländliche Regionen tendenziell sowohl mehr Störche als auch mehr Geburten aufweisen. Die Ursache (Kausalität) liegt also in diesem Fall in einer gemeinsamen dritten Variable – der ländlichen Struktur. Nicht die Kürzungen selbst müssen daher mit dem Erstarken der Rechten kausal verbunden sein, vielmehr könnten beide Phänomene Effekte desselben Hintergrunds sein. Darauf wird noch zurückzukommen sein.

Alles Faschismus?

Mit der Bezeichnung der Wirtschaftspolitik als »antifaschistisch« wird – ob gewollt oder nicht – unterstellt, dass Faschismus unmittelbar droht. Zu beurteilen, ob die stärker werdenden rechtsextremen oder rechtspopulistischen Parteien mit Faschismus adäquat beschrieben sind, setzt voraus, dass ein klares Verständnis davon existiert, was Fa-

54 Andreas Hövermann: Die Verdoppelung des AfD-Elektorats. Erkenntnisse aus dem WSI-Erwerbspersonenpanel 2020–2025, WSI-Study 42, hrsg. von der Hans-Böckler-Stiftung, Düsseldorf 2025, S. 45.

schismus überhaupt ist. Und genau darüber gibt es seit Jahrzehnten eine breite wissenschaftliche Auseinandersetzung und sich widersprechende Analysen, sodass man nicht von »der« Faschismustheorie sprechen kann, sondern nur von unterschiedlichen Faschismustheorien, im Plural. Im Schmetterling Verlag ist 2020 eine Einführung in solche Faschismustheorien erschienen. Der Autor Mathias Wörsching, Historiker und Betreiber der Website Faschismustheorie.de, hebt hervor, dass es in seinem Buch überwiegend um »generische« Faschismustheorien geht, das heißt um Theorien, die das Allgemeine und Gemeinsame aller historischen Faschismen herausarbeiten.[55] Wörsching stellt entsprechende Faschismustheorien vor, die zwischen 1920 und 2010 entstanden sind. Zugleich betont er: »Buchstäblich jede wichtige Frage auf diesem Feld ist immer umstritten geblieben. Es gibt nicht einmal eine allgemein anerkannte Faschismusdefinition.«[56]

Angesichts der dramatischen Rechtsverschiebung in den USA, in vielen Ländern Europas und weltweit (z. B. Indien oder Argentinien) gibt es nun seit einigen Jahren eine neue Faschismusdiskussion. Mit Ausdrücken wie »Spätfaschismus«,[57] »demokratischer Faschismus«[58] oder »Postfaschismus«[59] wird versucht, die aktuellen Phänomene auf den Begriff zu bringen

55 Das ist selbst Gegenstand von Kritik in der langen Geschichte der Theoriedebatte. Der historische Faschismus, so lautet eine Begründung, sei in jedem Land anders und nur je konkret zu verstehen. Einen allgemeinen Faschismus könne es daher gar nicht geben.

56 Mathias Wörsching: Faschismustheorien: Überblick und Einführung, Stuttgart 2020, S. 10.

57 Alberto Toscano: Spätfaschismus: Rassismus, Kapitalismus und autoritäre Krisenpolitik, Münster 2025.

58 Carolin Amlinger/Oliver Nachtwey: Demokratischer Faschismus, in: Jacobin, 1.5.2025, https://jacobin.de/artikel/demokratie-faschismus-oliver-nachtwey-carolin-amlinger.

59 Enzo Traverso: Fascism as Modernity, Online-Vortrag auf der Konferenz »60 Years: Fascism Seminar Revisited«, 9.1.2025, unter: https://mediaspace.wisc.edu/playlist/dedicated/371664442/1_aorv8g2b/1_n6pv716r. Zu.

und sie zugleich vom historischen Faschismus abzugrenzen. Manche sprechen auch von »faschistischem Potenzial«,[60] »faschistischen Taktiken«,[61] »faschistischen Tendenzen«,[62] von »Faschismus als ständiger Versuchung«[63] oder von einem »modernisierten Rechtsextremismus mit faschistischem Stammbaum«.[64] Faschismus gilt dabei als die extremste Form menschenfeindlicher Herrschaft, die es historisch in der Epoche der kapitalistischen Moderne je gegeben hat. Der italienische Philosoph Alberto Toscano schreibt in seinem Anfang 2025 in deutscher Übersetzung erschienenen Buch »Spätfaschismus«, dass heutzutage der Terminus Faschismus vor allem in den USA mit einer Leichtigkeit verwendet werde, die an Nachlässigkeit grenze«.[65] Darin drückt sich eine meines Erachtens berechtigte Kritik aus. Der inflationäre Gebrauch dieser Bezeichnung, seine Reduzierung auf einen bloßen Kampfbegriff, droht den Bedeutungsgehalt zu verwässern. Für Toscano ist gleichwohl schon das »Wiederauftauchen« des Begriffs für sich genommen ein ernst zu nehmendes Indiz. Es weise nämlich »auf die Dringlichkeit hin, die Pathologien zu benennen, die unsere Gegenwart heimsuchen«.[66] Und Wörsching empfiehlt, statt sich darüber zu streiten, ob man nun ein bestimmtes Phänomen faschistisch nennen darf oder muss, sich lieber der unterschiedlichen vorliegenden Faschismustheorien als Werkzeuge zu bedienen – zum Untersuchen und Vergleichen, zum Verdeutlichen von Gemeinsamkeiten und Unterschieden.

60 Thorsten Mense/Judith Goetz (Hrsg.): Rechts, wo die Mitte ist. Die AfD und die Modernisierung des Rechtsextremismus, München 2018, S. 3.

61 Jason Stanley: Wie Faschismus funktioniert, E-Book, Neu-Isenburg 2024, Vorwort.

62 Wilhelm Heitmeyer: Autoritäre Versuchungen, 4. Aufl., Berlin 2020, S. 372.

63 Stanley: Wie Faschismus funktioniert, Vorwort.

64 Mense/Goetz: Rechts, wo die Mitte ist, S. 11.

65 Toscano: Spätfaschismus, S. 9.

66 Ebd.

Das, was in den letzten Jahren als rechtsextrem auftritt, ist wie eingangs erwähnt, zum ersten Mal nach dem Zweiten Weltkrieg in vielen Ländern in Teilen des Mainstreams angekommen. Angesichts dessen, dass solche Erscheinungen als mögliche Elemente eines »Faschismus im Werden« verstanden werden können,[67] kann es eine sinnvolle Zuspitzung sein, von »antifaschistischer Wirtschaftspolitik« zu sprechen. Der US-amerikanische Philosoph Jason Stanley, dessen Buch »Wie Faschismus funktioniert« 2024 in deutscher Übersetzung erschienen ist, versteht ganz in diesem Sinne den Begriff »Faschismus« als eine Art Alarmruf. Unser Maßstab, so schreibt er, für das, was als normal empfunden wird, wandele sich langsam. Das bedeute zwar noch nicht, dass der Faschismus bereits über uns gekommen sei. Aber mit seiner »Anmutung des Extremen«[68] könne die Verwendung des Begriffs Faschismus gegen die Normalisierung der Rechtsverschiebung wirken. Die Menschen würden andernfalls »heraufziehende ideologisch extreme Zustände nicht mehr als solche erkennen, weil sie normal geworden sind«.[69] Die Philosophin Rahel Jaeggi, die das Vorwort für die deutsche Ausgabe geschrieben hat, warnt: »Deshalb auch sollte man der Abwehrhaltung, auch der eigenen, die den Warnruf vor dem Faschismus immer schon für übertrieben hält, nicht trauen.«[70]

Vor diesem Hintergrund ist »antifaschistische Wirtschaftspolitik« als ein Alarmruf zu verstehen, als eine diskursive Intervention oder kommunikative Strategie, die darauf abzielt, Politik zu beeinflussen, Bündnisse zu schmieden und auf die Verschiebung von Kräfteverhältnissen einzuwirken.

67 Robert O. Paxton: Anatomie des Faschismus, München 2006, S. 41.

68 Stanley: Wie Faschismus funktioniert, Kap. 10.

69 Ebd., Epilog.

70 Ebd., Vorwort.

Maßnahmen »antifaschistischer Wirtschaftspolitik«

Wenn Astrid Zimmermann, wie zitiert, die Maßnahmen einer »antifaschistischen Wirtschaftspolitik« als »eine Handvoll keynesianischer Reformvorschläge« bezeichnet, bezieht sie sich damit auf den berühmten britischen Ökonomen John Maynard Keynes, dessen Theorien zur gestaltenden und eingreifenden Rolle des Staates in Krisenzeiten und seine spezifische Rolle als Berater der britischen Regierung im Zweiten Weltkrieg den Namen Keynes bis heute zur Chiffre für eine gegenüber den reinen Segnungen des Marktes skeptische Haltung haben werden lassen. »Keynesianisch« steht für den Glauben an eine Art »guten Kapitalismus«,[1] an einen, der dem Wohle aller Menschen dienen könnte, würde der Staat ihn nur entsprechend regulieren. »Am Ende immer noch eine Form der Technokratie – nur eben eine progressive«, meint Zimmermann: »Isoliert betrachtet stellt sich ›antifaschistische Wirtschaftspolitik‹ gewissermaßen einen sorgenden, wohlmeinenden Staat als idealen Lenker der Wirtschaft vor, der den Kapitalismus vor seinen destruktivsten Auswüchsen rettet – und was könnte destruktiver sein als der Faschismus?«[2]

Die vier in Rede stehenden Instrumente einer »antifaschistischen Wirtschaftspolitik« – Vermögenssteuer, Preiskontrollen, Mietendeckel und staatliche grüne Investitionen – sind nur einige von mehreren Vorschlägen ähnlichen Charakters. Sie gehören zu den bekanntesten und am meisten diskutierten Reformvorschlägen, die darauf abzielen, den Menschen Angst vor der Zukunft zu nehmen sowie soziale Sicherheit und gesellschaftliche Integration zu befördern. Der Frage, ob dies realistisch oder überhaupt möglich ist, soll im Folgenden nachgegangen werden.

1 Sebastian Dullien/Hansjörg Herr/Christian Kellermann: Der gute Kapitalismus. Und was sich dafür nach der Krise ändern müsste, Bielefeld 2009.

2 Astrid Zimmermann: Antifaschistische Wirtschaftspolitik ist gut, aber nicht genug, in: Jacobin, 30.5.2025, https://jacobin.de/artikel/klassenkampf-rechtsruck-solidaritaet-arbeitskampf-organisierung-antifa-linke-rechtsextremismus-afd-populismus.

Vermögenssteuer: Jeder Geländegewinn zählt

Ein Gespräch mit Ingo Stützle

INGO STÜTZLE ist promovierter Politikwissenschaftler, Editor der Marx-Engels-Werke beim Karl Dietz Verlag und Redakteur bei PROKLA. *Zeitschrift für kritische Sozialwissenschaft*. Seine Arbeitsschwerpunkte sind Geld- und Kredittheorie, Geschichte und Kritik der Politischen Ökonomie sowie Gesellschafts- und Kapitalismuskritik.

SABINE NUSS: Viele Linke fordern eine Vermögenssteuer. Damit will man sich bei den Superreichen das Geld holen, um damit viele gute Sachen für die große Mehrheit der Bevölkerung zu finanzieren. Findest du das ein realistisches Konzept?

INGO STÜTZLE: Die Forderung nach einer Vermögenssteuer wird nicht nur von Linken erhoben, sondern auch von wichtigen Organisationen, die am Wohlergehen des globalen Kapitalismus interessiert sind. Die haben aber beide natürlich ganz unterschiedliche Interessen.

Gib mal ein Beispiel für Letzteres.

Der Internationale Währungsfonds, eine Sonderorganisation der Vereinten Nationen, fordert auch eine Vermögenssteuer. Oder nimm die Organisation für wirtschaftliche Zusammenarbeit und Entwicklung, die OECD. Beide befürchten, dass die soziale Ungleichheit das Wirtschaftswachstum bremst. Wenn viele Leute wenig haben und wenige Leute viel, dann ist das für den Konsum ein Problem. Die Armen können kaum was kaufen und die Reichen legen ihr Vermögen an den Finanzmärkten an, zumindest wenn das eine höhere Rendite verspricht, als wenn sie es in die Produktion stecken würden, in den Kauf neuer Maschinen beispielsweise. Aus Sicht von IWF und OECD wird das Wirtschaftswachstum so ausgebremst, es macht aber auch die Finanzmärkte anfällig für Krisen. Linke Parteien oder Sozialverbände, die auch eine Besteuerung hoher Vermögen fordern, haben ganz andere Problemlagen vor Augen.

Aber eine linke Wirtschaftspolitik kritisiert doch auch, dass die Armen keine Kaufkraft haben, was dem Konsum und dem Wachstum schaden würde.

Klar, aber von links wird auch auf den sozialen Aspekt verwiesen, dass die Vermögensungleichheit sehr viele Menschen stark darin einschränkt, am gesellschaftlichen Leben teilzunehmen, ja mehr noch: sich als Mensch zu entwickeln, gesund zu bleiben. Arme Menschen sterben früher. All das hängt davon ab, ob man über wenig oder viel Geld verfügt, ob Kultur, gutes und gesundes Essen, Bildung, ärztliche Versorgung und Wohnraum zugänglich sind oder nicht. Hinzu kommt, dass ein gewisses Maß an sozialer Gleichheit die Voraussetzung ist, politische Gleichheit real praktizieren zu können.

Wie ist da der Zusammenhang?

In Deutschland zeigen Untersuchungen, dass arme Menschen sich eher der Wahl enthalten, also nicht ihre Stimme abgeben – sie erwarten nichts mehr von der Politik. Das ist in anderen Ländern nicht besser. Deshalb heißt es manchmal, dass extreme Ungleichheit den sozialen Frieden oder gesellschaftlichen Zusammenhalt gefährde. Manche solcher Stimmen sind dann wieder nah am IWF oder an der OECD, die das ebenfalls sagen. Diese mächtigen Institutionen werden deswegen gern als Autorität herangezogen, um die eigene Position zu bekräftigen oder um die Forderung nach einer Vermögenssteuer zu legitimieren, so nach dem Motto: Schau mal, das fordert sogar die OECD, das ist eine seriöse Sache! Als würde man da am gleichen Strang ziehen.

Aber ist das nicht eine geschickte Strategie?

Ich finde, eher sollte man prüfen, ob man wirklich das Gleiche will und ob die geforderten politischen Mittel tatsächlich zu diesem Ziel passen. Zieht man mit Mächtigeren an einem Strang, glaubt man starke Fürsprecher für die eigene Seite zu haben. Es ist aber gerade umgekehrt. Der Resonanzraum für die eigene linke Programmatik verschwindet dann schnell, und man verhilft einer Politik zum Durchbruch, die man eigentlich kritisiert. Deshalb sollten Differenzen benannt und deutlich gemacht werden.

Soziale Ungleichheit wird also aus unterschiedlichen Gründen kritisiert. Aber wenn wir das kritisieren, weil wir es ungerecht finden, wie der Reichtum hierzulande – und natürlich auch global – verteilt ist, stellt sich für uns jetzt die Frage, ob man mit einer Steuerreform etwas dagegen tun kann. Freiheit und Gleichheit lautete schließlich das Versprechen der bürgerlichen Gesellschaft, mit dem sie seit Mitte des 18. Jahrhunderts als Ideal gegen die feudale Gesellschaft antrat.

Das führt weit in die Vergangenheit, ist aber richtig. Denn um zu verstehen, welche Vorstellungen darüber vorherrschen, was Steuern sind, woraus sie wer jeweils zu begleichen hat und warum der Streit um Steuern auch eine Form von Klassenkampf ist, muss man in der Tat etwas ausholen.

Es ist, wie du sagst: Die »bürgerliche Gesellschaft«, die sich im Zuge von Revolutionen aus der feudalen Gesellschaft herausgebildet hat, zeichnet sich durch das Versprechen von Freiheit und Gleichheit aus. Aber die Frage ist: Wessen Freiheit und welche Gleichheit sind hier gemeint? Die Menschen sind dort zwar frei von persönlichen Herrschaftsverhältnissen, wie wir sie aus jenen Zeiten vor dem Kapitalismus kennen. So waren im Feudalismus zum Beispiel die Untergebenen persönlich abhängig, der Leibeigene vom Grundherrn etwa. Er konnte nicht einfach das Land verlassen, er war nicht frei und er musste einen Teil seiner Arbeit auf dem Land an den Grundherrn abtreten in der sogenannten Fronarbeit. Die Herren eigneten sich diese Fron in einer Weise an, dass es zu einer ziemlichen Ungleichheit kam. Diese galt als gottgegeben, die Menschen galten als von Natur aus ungleich und unfrei ...

... und wurden erst durch die bürgerliche Revolution frei und gleich.

Na ja, so weit zumindest die offizielle Lesart. Ja, heute gelten die Menschen im Vergleich zu früher als frei – oder freier. Sie sind es allerdings lediglich formal, das heißt, sie können als Rechtssubjekte Verträge schließen, mit wem sie wollen, zum Beispiel einen Mietvertrag unterzeichnen oder ihre Arbeitskraft verkaufen. Sie können Wohnung und Job nach Belieben wählen und wechseln, sie sind aber – und da endet die Freiheit – gezwungen, ihre Arbeitskraft zu verkaufen.

Ich glaube, man versteht das besser, wenn man sich den Umbruch genauer anschaut, wie die alte feudale Gesellschaft seinerzeit sich über die Jahrhunderte in die moderne oder bürgerliche Klassengesellschaft verwandelt hat.

Ja, so ein Ausflug in die Geschichte hilft. Die Mehrheit der damals Untergebenen hat in weitgehender Selbstversorgung auf dem Land gelebt, wurde dann aber vertrieben, weil die Feudalherren, Kaufleute oder freien Bauern sich das Land – oft mit Gewalt – angeeignet haben, um es rentabler einzusetzen. Die Vertriebenen waren dadurch landlos geworden, hatten keinerlei Zugang mehr zu Subsistenzmitteln. Das heißt, sie konnten nicht mehr überleben, ohne ihre Arbeitskraft zu verkaufen.

In diesem Sinne hat die Mehrheit der Menschen ihr Eigentum verloren und hat bis heute keines. Das meint, sie haben keinerlei Verfügungsmacht über Produktionsmittel, Grund und Boden oder Naturressourcen mehr. Sie haben damit keinen Zugang zu Entscheidungen darüber, was sie produzieren wollen, zu welchen Bedingungen, zu welchem Zweck, wie viel sie davon bekommen etc. Sie sind abhängig von jemandem, der die Verfügungsmacht über die Produktionsmittel hat, ihre Arbeitskraft kauft gegen Lohn, womit sie auf einem Markt etwas einkaufen können. Wenn sie keinen finden und es keinen Staat gibt, der Sozialleistungen ausgibt, müssen sie sich anderweitig durchschlagen, informell, prekär oder kriminell – also mit nicht formalen Beschäftigungsverhältnissen, die im Weltmaßstab übrigens die Normalität sind und sich zunehmend ausbreiten. Daseinsweisen, die manchmal willkommen sind, weil sie extreme Ausbeutung ermöglichen, aber manchmal auch als delinquent markiert werden, um die Arbeitenden gegen Arbeitslose auszuspielen.

Diese Eigentumslosigkeit, von der du sprichst, ist auf den ersten Blick nicht ganz verständlich. Wir haben ja alle irgendein Eigentum, ich habe zum Beispiel Kleider, ein Fahrrad, Möbel etc. Um diese spezifische Eigentumslosigkeit zu verdeutlichen: Wie lange könntest du überleben, wenn du nicht mehr arbeiten gehen würdest, aber auch keine Ersatzleistungen vom Staat bekämst?

Schwierig zu sagen. Vielleicht drei Monate oder ein Jahr? Kommt darauf an, wen ich aus meinem Bekannten- und Familienkreis anpumpen könnte.

Es gibt etliche Leute, die könnten keinen Tag überleben.

Das stimmt. Und du hast recht: So kann man sich ganz gut den eigentlichen Ursprung der Ungleichheit klarmachen. Die Leute mit Verfügungsgewalt über Produktionsmittel, Boden etc., die Unternehmenseigner, könnten auch ohne zu arbeiten bis an ihr Lebensende weiterleben, und das oft sehr gut.

Vorausgesetzt, es gäbe ausreichend genug eigentumslose Menschen, die gezwungen sind, weiterhin ihre Arbeitskraft zu verkaufen.

Oder einfach nur vom bislang angehäuften Vermögen, da muss man nicht mal mehr für sich arbeiten lassen, sondern kann sich im Liegestuhl zurücklehnen. Viele Vermögende lassen die Eigentumslosen übrigens für sich arbeiten, ohne dass sie selbst irgendwas tun müssten im Unternehmen. Das heißt dann, »sie lassen ihr Geld für sich arbeiten«.

Damit werben Banken auch immer. Aber Geld arbeitet nicht, Menschen arbeiten.

So ist es. Aber lass uns noch einmal zurückkehren zu Freiheit und Gleichheit. Die Freiheit ist also die Freiheit, die Arbeitskraft verkaufen zu dürfen, was allerdings verdeckt, dass es ein Zwang ist, sie zu verkaufen. Und die Gleichheit besteht darin, dass alle rechtlich gleich sind, sich als Besitzer von Waren gegenüberzutreten, die sie tauschen können. Ich tausche als Besitzer meiner Arbeitskraft diese gegen einen Lohn. Meinen Lohn wiederum tausche ich gegen Waren wie Äpfel, Hosen, Computer. Somit sind wir alles freie, gleiche, Ware gegen Geld tauschende Subjekte.

Aber nur auf der Oberfläche. Denn wie wir gesehen haben, stehen sich höchst ungleiche Gruppen gegenüber, eine, die Verfügungsmacht über Produktionsmittel und Grund und Boden hat, und jene – die Mehrheit –, die das nicht hat. Der Kapitalismus ist eine Klassengesellschaft, in der Ausbeutung stattfindet, wie in den feudalen Gesellschaften vor ihm auch. Allerdings ist die Ausbeutung heute nicht mehr so durchsichtig wie damals, wo mit der Abgabe von einem Sack Weizen an den Grundherrn die Ausbeutung noch greifbar war.

Warum? Weil wir alle ein Gehalt für unsere Arbeit bekommen und das dann so aussieht, als erhielte ich meine volle Arbeit bezahlt und würde nichts abgeben?

Ja, unter anderem deswegen. Es gibt noch mehr Gründe, warum wir die Ausbeutung nicht so deutlich wahrnehmen können, aber das ist sicher einer der zentralen.

Wir haben einen langen Anlauf genommen und nähern uns erst jetzt allmählich unserem eigentlichen Thema, der Vermögenssteuer. Bevor wir dazu kommen, kannst du trotzdem noch kurz den Mechanismus erklären, wie

Ausbeutung, also die Aneignung fremder Arbeit, in der modernen Gesellschaft funktioniert?

Ich will es versuchen. Angenommen, du produzierst für eine Möbelfabrik vier Tische. Dafür bekommst du eine Bezahlung. Allerdings nicht für deine Arbeit, die du geleistet hast, sondern nur für deine Arbeitskraft.

Das ist immer schwer zu verstehen, finde ich, dieser Unterschied zwischen Arbeitskraft und Arbeit. Arbeitskraft ist die bloße Fähigkeit zu arbeiten, das Vermögen, mittels meiner Arbeitskraft etwas Neues herzustellen, einen neuen Wert zu schaffen, nicht wahr?

Ja, und der Wert deines Lohns für die Arbeitskraft, die du angewendet hast, um etwas von neuem Wert zu schaffen, liegt systematisch unter dem neuen Wert der vier Tische, die du hergestellt hast. Sagen wir, du bekommst Lohn im Wert von zwei Tischen. Der Wert von einem weiteren Tisch geht dann drauf für Holz, Energie, Leim etc., und der Wert des vierten Tisches, der übrig bleibt, das ist der Gewinn des Kapitalisten: Dieser eine Tisch, den sich der Kapitalist als Mehrprodukt aneignet und der seinen Gewinn ausmacht, den hast du unbezahlt gezimmert. Der entspricht übrigens ungefähr dem Sack Weizen, den der Bauer einst an den Grundherrn abgetreten hat.

Im Kapitalismus dreht sich alles darum, dass möglichst viel des neu produzierten Werts beim Kapitalisten verbleibt. Da gibt es viele Möglichkeiten: Man kann Pausen verdichten, den Arbeitstag verlängern, den Lohn kürzen. Man kann auch den Anteil für das Kapital erhöhen, indem Kosten für Materialien oder für die Dokumentation des Gesundheitsschutzes eingespart werden. Da haben die Eigentumslosen natürlich das Nachsehen, weil sie wenig Macht und Einfluss darauf haben, wie viel Lohn sie kriegen, wie sie arbeiten müssen etc. Die Lohnarbeitenden gehen sozial ungleich in den Produktionsprozess ein – als Habenichtse – und im Produktionsprozess stellen sie nicht nur Tische her, sondern produzieren und reproduzieren die zugrunde liegende soziale Ungleichheit stets aufs Neue.

Aber es gibt doch auch Leute, die besser verdienen?

Natürlich gibt es die. Ausbeutung ist auch keine moralische Kategorie, sondern ein soziales Verhältnis – und damit eine Frage von Kräfteverhältnissen. Aber gut oder sehr gut zu verdienen, das ist nicht allen möglich, und das hat System: Die Macht, die die Verfügungsgewalt ihrem Eigentümer – den Unternehmen – gibt, und vor allem deren Konkurrenz untereinander, die das System latent krisenanfällig macht, das alles verhindert, dass es allen Lohnarbeitenden dauerhaft gut gehen kann, obwohl das angesichts dessen, was wir heute weltweit in der Lage sind zu produzieren, eigentlich möglich wäre.

Ungleichheit ist jedenfalls kein Ergebnis eines ungerechten Steuersystems, sondern Ergebnis eines Klassenverhältnisses. Solange das bleibt, wird sich auch an Ungleichheit nichts grundsätzlich ändern bzw. an der Dynamik, die diese immer wieder produziert.

Wieso haben wir jetzt für die Frage, ob es eine gerechte Steuerpolitik gibt, so stark auf die marxsche Theorie zurückgegriffen?

Weil es wichtig ist, darauf hinzuweisen, dass Freiheit und Gleichheit nur die rechtliche wie ideologische Form ist, in der sich die Ungleichheit unter den modernen ökonomischen Verhältnissen immer wieder aufs Neue herstellt und sogar verschärfen kann. Freiheit und Gleichheit sind also hier in einer ganz bestimmten Weise gemeint, nicht in dem landläufigen Verständnis, wo sie als Maßstab der Kritik auftreten nach dem Motto: Eigentlich sind wir alle frei und gleich, dann ist die soziale Ungleichheit aber doch ungerecht, setzt endlich dieses Ideal durch!

Jetzt lass uns zu den Steuern kommen.

Gern. Nun macht das auch Sinn. Denn wovon werden Steuern abgezogen? Marx spricht in diesem Zusammenhang davon, Steuern seien ein »Abzug der gesellschaftlichen Revenue«. Lassen wir zunächst einmal die Steuern auf Konsum beiseite, dann bleiben die Einkommen, die verschiedene gesellschaftliche Gruppen erzielen – und ihre Quellen. Alle arbeitsfähigen Mitglieder der Gesellschaft, so erscheint es den Menschen zumindest, tragen ihren Teil zum gesellschaftlich produzierten Reichtum bei – und bekommen dafür etwas: Arbeit ist die Quelle von Lohn, Grundbesitz ist die Quelle von Grundrente, Miete oder Pacht, Kapital ist die Quelle von Profit, darunter Zins, Dividende etc. Und genau daraus müssen dann jeweils die Steuern beglichen werden. Das ist die Basis, auf der in der Öffentlichkeit darüber gestritten wird, ob das Kapital zu wenig oder zu viel – je nach Standpunkt – Steuern zahlen muss. Es sieht also so aus, als ob alle drei Einkommensquellen gleichberechtigt nebeneinanderstehen und dass sie jeweils durch Arbeit, Fleiß, Engagement, Cleverness etc. entstanden sind.

Was ist mit den Erbschaften? Da bekomme ich etwas nicht wegen meiner Arbeitsleistung, sondern weil ich das Glück hatte, in die richtige Familie hineingeboren worden zu sein.

Erbschaften werden tatsächlich als leistungsloses Einkommen kritisiert bzw. sind umstrittener. Aber abgesehen davon gilt: Jeder hat etwas geleistet, jeder kriegt etwas dafür, jeder bezahlt seinen Anteil daraus an Steuern, um zu gesamtgesellschaftlichen Aufgaben beizutragen. Und jetzt die Gretchenfrage, die sich schon in unserer Erklärung oben findet: Woher kommt der Profit, den das Kapital »abwirft«, woher kommt die Rente, die das Grundeigentum »abwirft«, wirklich?

Ich benutze diese gebräuchliche Redewendung, dass Kapital Geld oder Zins »abwirft«, ganz bewusst. Denn sie verdeckt, dass Profit das Ergebnis von Arbeit ist, und zwar von genau der unbezahlten Arbeit, von der wir es vorhin hatten. Marx zufolge ist nur menschliche Arbeit Quelle von Wert. Grundrente produziert keinen neuen Wert aus sich heraus, ebenso wenig das Kapital. Der unbezahlte Mehrwert, der vom Kapital angeeignet wird, der verteilt sich über ziemlich komplizierte Mechanismen nicht nur auf den Profit (Gewinn, Zinsen, Dividenden etc.), sondern auch auf die Grundrente (Miete, Pacht). Das heißt, das, was sich Kapital- und Grundeigentümer als Profit und Grundrente aneignen können, ist Ergebnis der unbezahlten Mehrarbeit der vielen Eigentumslosen.

So gesehen sind auch die Steuern, die die Kapitalisten und Grundeigentümer zahlen müssen, eigentlich Ergebnis der Arbeit der eigentumslosen Menschen?

Ja. Marx spricht in diesem Zusammenhang – also bei der Annahme, Arbeit sei die Quelle von Lohn, Grundbesitz die Quelle von Grundrente, Kapital die Quelle von Profit – von einer »trinitarischen Formel« und spielt damit auf die Heilige Dreifaltigkeit von Vater, Sohn und Heiligem Geist im Christentum an. Marx will so das Mystische und Irrationale an dem Glauben kritisieren, dass Kapital und Boden selbst auch Quellen von Wert seien. Unsere vermeintlich aufgeklärte Gesellschaft produziert eine neue »Religion des Alltagslebens«, wie er es nennt.

Wichtig ist nun, dass genau diese Einkommensarten und ihre Quellen der Ansatzpunkt für Besteuerung sind. Und Vertreterinnen und Vertreter aller drei großen Klassen – Lohnarbeit, Kapital, Grundeigentum – pochen darauf, dass im Namen des Allgemeininteresses, der Wertschöpfung und des Wirtschaftswachstums besonders ihre jeweiligen Interessen berücksichtigt werden müssten, wenn es um Steuergerechtigkeit gehe. Während also die grundlegende Struktur des Kapitalismus, der ständig Ungleichheit produziert, gar nicht zur Sprache kommt, ebenso wenig wie seine mystifizierten Erscheinungsformen, wird ständig darüber gestritten, was eine gerechte und der Wirtschaft förderliche Besteuerung ausmacht.

So, wie sich Produktions- und Herrschaftsverhältnisse mit der Etablierung der kapitalistischen Klassengesellschaft verändert haben, hat sich sicher auch das Steuersystem gewandelt, Steuern sind ja kein Alleinstellungsmerkmal der Moderne.

Das ist richtig, trotzdem kann man darüber streiten, ob man den Begriff Steuern auf vormoderne Zeiten anwenden sollte. Im Mittelalter und in der frühen Neuzeit gab es keine Steuern im heutigen Sinn. Abgaben wie »subsidy«, »contributio«, »don gratuit« oder »Bede« waren meist persönliche Verpflichtungen innerhalb einer spezifischen hierarchischen Gesellschaftsordnung. Sie wurden nicht allgemein und regelmäßig erhoben, sondern waren an bestimmte Anlässe gebunden, etwa an Kriege. Allgemeine Steuern, wie wir sie heute kennen, gab es nicht – insbesondere nicht für alle Gesellschaftsschichten. Kennzeichnend war ein System von Steuerprivilegien: Adelige und Klerus waren oft von Abgaben befreit. Geld spielte als Zahlungsmittel generell nur eine untergeordnete Rolle.

Es war bis zur Französischen Revolution der sogenannte dritte Stand, also Bauern, Handwerker und Bürger, der die Steuern für den Staat aufbringen musste. Mit der Revolution von 1789 wurde dieses System abgeschafft. Nun sollten alle Bürger, unabhängig von ihrem Stand, zur Steuer herangezogen werden, und zwar unabhängig davon, wie hoch das Einkommen war. Später, als die Volksmassen politisch an Einfluss gewannen, entwickelte sich daraus die progressive Besteuerung: Menschen mit höherem Einkommen sollten auch einen höheren Steuersatz zahlen. Zu dem Steuergrundsatz der Gleichheit trat damit der der Leistungsfähigkeit. Hier zeigt sich schön, dass zu unterschiedlichen Zeiten unterschiedliche Vorstellungen als »gerecht« galten, Normen also selbst ein gesellschaftliches Konstrukt sind. Heute gelten die Prinzipien der Gleichheit und Leistungsfähigkeit – dass jeder nach seiner wirtschaftlichen Stärke besteuert wird – als zentrale Grundsätze der sogenannten »Steuergerechtigkeit«, ohne dass die strukturelle Ungleichheit reflektiert würde.-

Was hat dieser »blinde Fleck« für Folgen?

Die bürgerliche Gesellschaft steht vor dem Problem, dass sie auf Basis einer strukturellen Ungleichheit ständig ihr Ideal der Gleichheit verfolgen und rechtfertigen muss. Und bei den Steuern kommt noch eine ganz eigene Art der Ungerechtigkeit hinzu: Besteuerung ist ein Herrschaftsakt des Staates, eine fortlaufende Enteignung ohne jede spezielle Entschädigung – also das Gegenteil von der Freiheit und Gleichheit des Warentauschs. Eine staatliche Steuer muss man erst einmal legitimieren.

Das geschieht seit dem 17. Jahrhundert mit ganz verschiedenen Argumentationen. Das Bürgertum setzte zudem Rechte durch, Bedingungen allgemeiner Besteuerung: Monopolisierung von Abgaben durch den Staat, rationale, das heißt bürokratische Organisation des Steuerwesens, Mitsprache und Mitbestimmungsrechte, Kontrollrechte über die Finanzen, Erweiterung der politischen Repräsentation, umfassendes Steuer- und Ausgabenbewilligungsrecht in den Parlamenten. Vor allem findet aber ein ständiger Kampf um die Steuerausbeutung statt, darum, wie die Steuerlast zwischen den Klassen verteilt ist.

Es gibt noch einen weiteren interessanten Grundsatz, wenn auch einen, der ein Spezifikum für die deutsche Diskussion ist: Das Geld, das jemand zum Leben oder für sein Geschäft unbedingt braucht – die »Substanz« –, soll nicht durch die Steuern angegriffen werden. Kurz: Steuern sollen so erhoben werden, dass niemand mehr zahlen muss, als er verkraften kann, und dass sein eigentliches Vermögen nicht angegriffen wird.

Deshalb wird bei der Einkommenssteuer, die Lohnarbeitende zahlen müssen, ein Grundfreibetrag gewährt.

Ja, das Existenzminimum soll erhalten bleiben. Das leitet sich übrigens alles aus dem allgemeinen Gleichheitsgrundsatz des Grundgesetzes ab, dem Fundament der Besteuerung in Deutschland. Die Idee ist, dass jeder nach seiner wirtschaftlichen Leistungsfähigkeit zur Finanzierung staatlicher Aufgaben beitragen soll. Das hört sich für sich genommen gut an, aber man sieht sofort, hier wird die grundlegende, strukturelle Ungleichheit als völlig natürlich wahrgenommen: Es gibt eben Leute, die so wenig verdienen, dass sie nicht mal Steuern zahlen können, und es gibt Leute, die gar nicht wissen, wohin mit ihrem Geld. Und mit dem Rekurs auf Leistungsfähigkeit wird dann so getan, als ob die Menschen, die wenig Geld verdienen und deshalb keine Steuern zahlen können, nicht fähig oder willens wären, Leistung zu erbringen.

Und die in dieser Logik Leistungsfähigsten, die Vermögenden, zahlen null Prozent Steuern auf ihr Vermögen. Deshalb wird mitunter auch davon gesprochen, dass wir es in Deutschland mit einem Lohnsteuerstaat zu tun haben, weil die Steuern auf das Lohneinkommen und die Steuern auf den Konsum, die Verbrauchersteuern, etwa zwei Drittel des gesamten Steueraufkommens ausmachen. Das ist übrigens ein Trend, der in den 1970er-Jahren eingesetzt hat, seitdem Unternehmen und Vermögen entlastet wurden.

Warum zahlen die Vermögenden keine Steuern?

1997 wurde in Deutschland die Vermögenssteuer nicht abgeschafft, aber »ausgesetzt«. Das bedeutet: Sie steht immer noch im Grundgesetz und könnte jederzeit wieder eingeführt werden, gilt aber derzeit nicht. Warum? Die Vermögenssteuer ist eine Steuer auf das gesamte Vermögen einer

Person. Dazu zählen zum Beispiel Firmen, Häuser, Wohnungen, Geld auf Sparkonten, Aktien, Anleihen, Lebensversicherungen und auch wertvolle Kunst- oder Luxusgegenstände. Das verfassungsrechtliche Problem war damals, 1997, dass nicht alle Vermögensarten gleich bewertet wurden. Bei Sparkonten ist der Wert klar: Man sieht einfach, wie viel Geld darauf ist. Bei Immobilien oder Kunstgegenständen ist das schwieriger: Welcher Wert zählt? Der Kaufpreis? Der aktuelle Marktwert? Für Immobilien galt damals ein sehr alter Wert, die Bewertung von 1964. Diese Werte waren viel niedriger als die tatsächlichen Marktpreise in den 1990er-Jahren. Das sah das Gericht als ungerecht an, weil derjenige, der Immobilien besaß, viel weniger Vermögenssteuer zahlen musste als jemand, der sein Vermögen in Geld oder Aktien hielt. Das verstieß gegen den Gleichheitsgrundsatz, weil gleiches Vermögen unterschiedlich besteuert wurde.

Das Gericht forderte daher, die Bewertungsregeln für Vermögen zu ändern, damit alle Vermögensarten fair und nach ihrem tatsächlichen Wert besteuert werden. Das wurde aber politisch nicht umgesetzt – deshalb wird die Vermögenssteuer seit 1997 nicht mehr erhoben. Übrigens: Auch bei der Erbschaftssteuer gab es Ungerechtigkeiten bei der Bewertung von Immobilien und Firmen. Das wurde geändert. Seit 2009 müssen Immobilien und Betriebsvermögen nach ihrem echten Marktwert, dem Verkehrswert, bewertet werden. Und sieh an, es funktioniert!

Deswegen sagen viele, die beim Thema Vermögenssteuer Expertise haben: Gerade weil Vermögen eine eigene Form von Leistungsfähigkeit darstellt – unabhängig vom laufenden Einkommen –, wäre eine Vermögenssteuer gerecht und auch verfassungsrechtlich möglich. Der Verfassungsrichter Ernst-Wolfgang Böckenförde hat in seinem Minderheitenvotum zum Urteil von 1997 unter anderem kritisiert, dass das Prinzip der Leistungsfähigkeit nicht richtig angewendet werde, wenn große Vermögen besonders geschützt werden. Auch neuere Gutachten unterstreichen das. Denn das führt dazu, dass Reiche bevorzugt werden. Am Ende ist das natürlich alles eine Frage der Machtverhältnisse, welche Sichtweise und welche Interessen sich durchsetzen, die der Vermögenden oder die derjenigen ohne Vermögen.

Das ganze Steuersystem besitzt also einen Klassencharakter. Arbeit wird tendenziell mehr besteuert als Kapital.

Ja, natürlich. Den Klassencharakter sieht man auch bei den Verbrauchssteuern, über die wir noch gar nicht gesprochen haben, also bei den Steuern, die beim täglichen Konsum im Supermarkt oder im Kaufhaus anfallen. Wer wenig verdient, kann zwar weniger konsumieren, aber der Anteil, der vom Einkommen an Steuern abgeht, ist verhältnismäßig höher als bei denjenigen mit hohen Einkommen. Und vor dem Hintergrund, dass in den letzten Jahrzehnten hohe Einkommen und Vermögen entlastet wurden, verschärft sich dieser Klassencharakter bei der Besteuerung natürlich. Insofern sind die Kämpfe um Vermögenssteuer immer auch Klassenkämpfe.

Umgekehrt widerspricht der Steuerstaat nicht der kapitalistischen Logik, schon gar nicht in Deutschland. Hier gilt der Grundsatz, dass Steuern weder das Vermögen in der Substanz angreifen noch davon abhalten sollen, es gewinnbringend einzusetzen.

Aber wieso ist das nur in Deutschland der Fall? Es klingt doch so, als sei genau das das Spezifische an Steuern im Kapitalismus, dass dieses System die Vermehrung von Kapital fördern soll.

In Deutschland ist der Maßstab steuerrechtlicher Auseinandersetzungen immer auch das Grundgesetz, und hier gilt eben nicht nur Artikel 3 Absatz 1 (Allgemeiner Gleichheitsgrundsatz), sondern auch Artikel 14, also die Garantie von Eigentum. Das ist natürlich für die Besteuerung von Vermögen relevant. In Ländern wie der Schweiz, Frankreich oder Spanien wird Vermögenssteuer erhoben, und zwar auch dann, wenn das Vermögen keine oder nur geringe laufende Erträge abwirft. Dort gilt der Eigentumsschutz zwar auch, aber er wird weniger streng ausgelegt als in Deutschland. Hier ist die Hürde für eine echte Substanzbesteuerung besonders hoch. Eine Anmerkung dazu, weil das immer wieder vergessen wird: 2009 wurde die sogenannte Abgeltungssteuer eingeführt. Seitdem werden pauschal 25 Prozent auf alle Kapitalerträge erhoben, also auf Zinsen, Dividenden und Erlöse aus Wertpapierverkäufen. Davor galt der jeweils individuelle Steuersatz, das heißt, je nach Steuerklasse und Einkommen mussten Steuern beglichen werden. Von der Reform haben dann Vermögende und Einkommensstarke profitiert.

Das sind alles Ergebnisse von gesellschaftlichen Auseinandersetzungen. Oder in anderen Worten: Die Verteilung der Steuerlast und der Streit darum sind ganz spezielle Ausdrücke von Klassenkampf.

Du hast davon gesprochen, dass es nicht einfach ist, ein Vermögen zu beziffern. Ein Gegner der Vermögenssteuer hat einmal argumentiert, man könne doch nicht zu den Reichen in die Wohnung gehen und dort den an der Wand hängenden Picasso schätzen. Das sei ein Verstoß gegen die Privatsphäre.

Ich habe davon gehört. Die Privatsphäre scheint allerdings nur für Reiche zu gelten. Bei den Empfängern von Sozialleistungen machen die Behörden schon mal Kontrollbesuche und prüfen, ob zwei Zahnbürsten im Bad stehen, ob es sich also um einen eheähnlichen Haushalt handelt, wo dann erst der Partner zahlen müsste, bevor das Amt einspringt.

Das mit der Privatsphäre ist übrigens ein sehr altes Argument. Es gab in vielen europäischen Ländern ab Ende des 17. bis Ende des 19. Jahrhunderts eine sogenannte Fenstersteuer, das heißt, die Anzahl der Fenster eines Gebäudes wurde als Grundlage der Besteuerung herangezogen. Hört sich lustig an, war aber kein Einzelfall. Vorher hatte man nämlich die Anzahl der Herdstellen als Bemessungsgrundlage für die Steuern genommen. Mit den Fenstern als neuer Grundlage mussten die Beamten das Haus nicht mehr betreten, sie konnten die Fenster von außen zählen.

Auch für uns heutzutage skurrile Formen der Besteuerung waren und sind Ergebnis von politischen Auseinandersetzungen, bei denen die Stärkeren gewinnen – wenn es keine kollektive Gegenwehr gibt. Als die britische Premierministerin Margaret Thatcher 1989 in Großbritannien eine neue Kopfsteuer einführen wollte, also eine Steuer, die unabhängig vom Einkommen gelten sollte – steuerrechtlich gesprochen: unabhängig von der Leistungsfähigkeit –, gab es breite Proteste und eine Demonstration mit fast 100 000 Leuten, inklusive Massenmilitanz, die sogenannten Poll-Tax-Riots. Aufgrund des Widerstands wurde die Kopfsteuer rückgängig gemacht. Die Politik erhöhte daraufhin lieber die Verbrauchersteuer.

Im Streit um die Verteilung der Steuern wird von der Politik oft die Befürchtung geäußert, die Vermögenssteuer vertreibe die sogenannten Leistungsträger aus dem Land.

Damit wird häufig gedroht. Aber das ist gar nicht so einfach, denn es gibt eine Wegzugssteuer, die gar nicht so niedrig ist. Und inzwischen gibt es weltweit Abkommen und einen Austausch von Informationen zwischen den Ländern, damit Unternehmen und reiche Menschen nicht mehr so leicht Steuern hinterziehen oder vermeiden können. Aber was Steuerschlupflöcher angeht: Der Cum-Ex-Skandal zeigt, dass manche gar keine komplizierten Tricks brauchen, um den Staat zu betrügen. Beim Cum-Ex-Skandal haben Banken, Anwälte und Investoren mit speziellen Aktiengeschäften dafür gesorgt, dass sie sich Steuern vom Staat zurückzahlen lassen konnten, die sie nie gezahlt hatten. So entstand für Deutschland ein riesiger Schaden von fast 32 Milliarden Euro. Eigentlich hätte der Staat diesen Betrug genau untersuchen und die Verantwortlichen bestrafen müssen, doch der wichtigsten Ermittlerin, Anne Brorhilker, wurden immer wieder Steine in den Weg gelegt. Sie bekam zu wenig Unterstützung und stieß auf Widerstand. Deshalb ist sie schließlich zurückgetreten und hat sogar ihren Job als Staatsanwältin aufgegeben, weil sie nicht mehr daran geglaubt hat, dass die Politik den Skandal wirklich aufklären will.

Auch hier sieht man, wie weit der Gleichheitsgrundsatz in der Praxis gilt. Wer Geld hat, kann sich rechtlichen Beistand leisten. Und wer viel Geld ausgibt, kann auch viel absetzen. Schöne Steuerwelt.

Häufig wird gegen die Vermögenssteuer eingewendet, dass viele Menschen ihr Vermögen gar nicht versteuern könnten, weil es im Unternehmen oder in Immobilien steckt und somit nicht als Bargeld verfügbar ist.

Dieses Argument hängt eng mit der Frage zusammen, ob es überhaupt zulässig ist, Vermögen so zu besteuern, dass die Substanz gefährdet wird. Besonders die Interessenvertretungen der Familienunternehmen sind bekannt dafür, an diesem Punkt Alarm zu schlagen. Es stimmt zwar, dass Vermögen oft, wie Marx sagen würde, in »produktivem Kapital« gebunden ist – also etwa in Maschinen oder Fabrikhallen und nicht in Kunstwerken wie Picasso-Gemälden. Allerdings wurden bei der Reform der Erbschaftssteuer 2009 neue Bewertungsregeln eingeführt, die eine am Ertrag orientierte Bewertung ermöglichen, und es gibt zahlreiche Stellschrauben, die speziell darauf ausgelegt sind, gerade kleinere Unternehmen davor zu schützen, durch Steuerzahlungen in Liquiditätsprobleme zu geraten. 2013 forderten einige Parteien im Bundestagswahlkampf die Wiedereinführung der Vermögenssteuer und auch einige rot-grün regierte Bundesländer brachten sie damals ins Gespräch und rechneten die

Auswirkungen durch. Aktuell ist es um die Forderung nach einer Vermögenssteuer jedoch wieder deutlich ruhiger geworden – leider.

Wieso ist das Thema Steuern für viele Leute eigentlich so wenig attraktiv. Ich kenne keinen, der sich dafür brennend interessiert oder der sich gar darauf freuen würde, endlich eine Steuererklärung machen zu dürfen.

Erst einmal sind Steuern eine finanzielle Belastung – und für diejenigen, die gar keine zahlen müssen, ist das Thema nicht relevant. Die müssen sich nicht dafür interessieren. In Deutschland zahlt rund ein Drittel der erwachsenen Bevölkerung überhaupt keine Einkommenssteuer, weil ihr Einkommen unter dem steuerlichen Freibetrag liegt. Dazu gehören neben Rentnerinnen und Rentnern auch Auszubildende, Studierende und geringfügig Beschäftigte.

Das sollte man übrigens nie vergessen, wenn die Politik mal wieder vollmundig verkündet, sie werde die Einkommensteuerzahler entlasten. Davon haben halt sehr viel Leute überhaupt nichts.

Weitere Gründe für den tiefen Widerwillen, sich mit dem ganzen Thema Steuern zu befassen, sind die extrem komplizierte Gesetzgebung und die damit verbundene Bürokratie. Beides kostet Zeit und Nerven. Viele fühlen sich auf Steuerberatungen angewiesen, weil sie glauben, das System nicht selbst durchschauen zu können.

Also ist eine Steuererklärung auf einem Bierdeckel gar nicht möglich, wie das Friedrich Merz vor Jahren versprochen hat?

Bei diesem Bild kommen zwei Punkte zusammen: zum einen das Versprechen, Steuern zu senken, zum anderen die Behauptung, die Steuererklärung mit einem Federstrich vereinfachen zu können, weil das ganze Problem allein der Staat sei, der alles viel zu kompliziert mache und letztlich nur ein Interesse an sich selbst habe. Ein solches liberales und autoritäres Versprechen ignoriert nicht nur Interessenkonflikte in der Gesellschaft, sondern macht auch deutlich, dass die wirtschaftsliberale Tradition nicht so fern von sehr autoritärer Politik ist.

Du bist Marx-Editor beim Dietz Verlag, kaum jemand kennt Marx Schriften so gut wie du. Kann man für die Auseinandersetzung um Steuern etwas von Marx mitnehmen?

Zentral war zu Marx' Zeiten eher die Erbschaftssteuer. Darüber hat er sich beispielsweise mit dem Anarchisten Bakunin erbittert gestritten. Der Streit zwischen den beiden wird gern etwas entpolitisiert, weil beide in ihrem Umgang miteinander nicht sonderlich sympathisch wirken. Dabei ging es aber inhaltlich um eine wichtige Frage, was ins Zentrum der politischen Auseinandersetzung gestellt werden sollte. Bakunin wollte das Erbrecht abschaffen, weil er darin einen zentralen Pfeiler der Ungleichheit erkannte, die Monopolisierung von Eigentum, vor allem von Grund und Boden. Er hatte kein angemessenes Verständnis davon, was den Kapitalismus ausmacht, und projizierte Merkmale, die für die vorbürgerlichen Herrschaftsverhältnisse typisch waren, in die Moderne, wenn er beispielsweise von »Privilegien« oder »Erbengesellschaft« gesprochen hat, etwas, was bis heute gerne gemacht wird. Natürlich gibt es die, aber sie charakterisieren nicht den Kapitalismus. Marx hingegen stellte das Privateigentum an Produktionsmitteln ins Zentrum seiner Überlegungen und politischen Strategie.

Steuerpolitik interessierte ihn also gar nicht?

Doch. Er bezeichnete sein Forschungsprojekt aber als »Kritik der Politischen Ökonomie«, was vor allem bedeutete, das Wissenschaftsfeld der – heute würde man sagen – Wirtschaftswissenschaften zu kritisieren. Marx benannte und diskutierte deren Grundannahmen. Dafür studierte er die Politische Ökonomie oder die Nationalökonomie, das war damals die Bezeichnung für Volkswirtschaftslehre. Wenn man sich die Titel der zentralen Werke vergegenwärtigt, dann umfassen alle auch das Thema Steuern. Um ein paar Beispiele zu nennen: William Pettys »A Treatise of Taxes and Contributions« (1679), David Ricardos »On the Principles of Political Economy, and Taxation« (1817) oder David Buchanans »Inquiry into the Taxation and Commercial Policy of Great Britain« (1844).

Marx ist selbst auch für politische Reformen eingetreten, er hat das aber stets als Kampf innerhalb der kapitalistischen Produktionsweise mit der Perspektive einer Überwindung des Klassenverhältnisses betrachtet. Er glaubte nicht an einen »guten Kapitalismus«, den ein sozialdemokratisch regierter Staat nur ausgleichend genug regulieren müsste, und er hat dessen Unmöglichkeit in seinen Analysen auch überzeugend dargelegt. An einer Stelle, um mal ein Beispiel für eine seiner Reformideen zu geben, hat er dafür plädiert, die indirekten Steuern ganz abzuschaffen und sie durch direkte Steuern zu ersetzen.

Warum das?

Weil indirekte Steuern, Verbrauchssteuern wie zum Beispiel auf Tabak, die Preise für Waren erhöhen würden. Das Kapital habe die Macht, einfach alle Kosten weiterzureichen. Man könne zudem nicht sehen, was man eigentlich an den Staat so genau zahlt. Eine direkte Steuer hingegen, auf Einkommen oder Vermögen, sei »unverhüllt und einfach« und könne »auch vom Ungebildetsten verstanden werden«, wie er schrieb. Er meinte, die direkte Steuer rege daher dazu an, die Regierung zu kontrollieren, während die indirekte Steuer »jede Tendenz zur Selbstverwaltung« zerstöre.

Kommen wir noch einmal zurück zur Vermögenssteuer. Wenn wir uns nochmal vor Augen führen, dass Steuerpolitik nur »gerecht« sein kann, indem sie die Ungleichen gleich behandelt, ohne die Ungleichheit zu reflektie-

ren, dann wird auch deutlich: Das Klassenverhältnis verschwindet dadurch nicht. Der Kampf um Steuergerechtigkeit bleibt ein Schauplatz des Klassenkampfs, aber er löst ihn nicht auf. Bist du vor diesem Hintergrund dennoch für eine Vermögenssteuer?

Ja, natürlich. Entscheidend ist für mich, wie man über das Thema spricht. Ich halte es für falsch, im politischen Diskurs ständig die Argumente der Gegenseite zu übernehmen oder auf deren Spielregeln einzugehen. Das Ziel sollte klar sein: Es geht darum, Ungleichheit direkt zu bekämpfen. Ob wir immer von »gerechter« Besteuerung sprechen müssen, weiß ich nicht. Müssen Milliardäre wirklich »gerecht« besteuert werden? Vielleicht wäre eine »ausgleichende Ungerechtigkeit« sogar besser. Man könnte mit einer Vermögenssteuer die krasse ungleiche Verteilung ein wenig abmildern. Natürlich kommt es darauf an, wofür man die zusätzlichen Einnahmen dann ausgibt.

Aber genau das ist ja, was ihre Befürworter wollen, mehr soziale Gleichheit.

Das ist auch gut. Aber man soll nicht glauben, dass das auf Dauer bleiben würde, hätte man diesen Kampf einmal gewonnen. Auch fürchte ich, dass man bestimmte diskursive Muster reproduziert, etwa mit der Idee eines Grunderbes. Die Idee dahinter ist, dass es mehr Chancengerechtigkeit gewährleistet – in einer Gesellschaft, die auf Konkurrenz gründet. Ich verstehe den Impuls, zu sagen, dass die »Startbedingungen« für viele Menschen ungleich sind. Aber zielführender wäre es, der Kapital- und Konkurrenzlogik eine Organisationsleistung für die Gesellschaft abzuringen, Bedürfnisbefriedigung und ein gutes Leben verstärkt in Form öffentlicher Güter zu ermöglichen, statt sich mit weniger Ungleichheit auf das Parkett der Konkurrenz zu begeben.

Die Forderung nach einer Vermögenssteuer macht für mich nur dann wirklich Sinn, wenn wir dabei nicht vergessen, dass das eigentliche Problem das kapitalistische Wirtschaftssystem ist, das wesentlich mehr Probleme produziert als soziale Ungleichheit. Den Ausschluss von Teilen der Klasse, die unbezahlte Care-Arbeit, habe ich etwa noch gar nicht erwähnt.

Ein weiterer Punkt ist: Ohne Vermögensbesteuerung wissen wir gar nicht genau, wie groß die Vermögen in unserer Gesellschaft wirklich sind. Gerade weil die Reichen nicht verpflichtet sind, ihr Vermögen offenzulegen, bleibt die soziale Ungleichheit im Dunkeln. Schon vor 100 Jahren war es eine wichtige Funktion der Vermögenssteuer, überhaupt erst einmal die Leistungsfähigkeit – also das wahre Ausmaß der Vermögen – zu erfassen. Das war übrigens auch die große Innovation des Ungleichheitsforschers Thomas Piketty, der Steuerdaten für seine Forschung zur Ungleichheit nutzte.

Heute wird oft gefordert, die »Leistungsträger« zu schonen. Sie sollten bloß keine zusätzlichen Steuern zahlen.

Diese Forderung läuft darauf hinaus, dass die beschriebene Ungleichheitsmaschinerie weiter befeuert wird. Das ist doch absurd! Jeder Schritt, der mehr Transparenz schafft, Ungleichheit abbaut oder die Macht der Reichsten ein Stück weit begrenzt, ist hingegen ein Fortschritt. Auch wenn das große Ziel, die Überwindung der strukturellen Ungleichheit, damit nicht sofort erreicht wird, lohnt es sich, für weniger Ungleichheit zu kämpfen. Jeder Geländegewinn zählt.

Mietendeckel: Richtiger Schritt, aber keine Lösung

Ein Gespräch mit Andrej Holm

ANDREJ HOLM, Stadtsoziologe, lehrt an der Humboldt-Universität zu Berlin und hat eine Studie zum Mietendeckel erstellt.

SABINE NUSS: *Andrej, du beobachtest als Stadtsoziologie schon seit geraumer Zeit, dass die Menschen immer mehr Miete bezahlen müssen. Du analysierst die Ursachen und gibst auch Handlungsempfehlungen. Nun sind von dem Phänomen der Mieterhöhung nicht alle gleichermaßen betroffen.*

ANDREJ HOLM: Wenn das Wohnen unter marktwirtschaftlichen Bedingungen organisiert wird, dann folgen daraus ganz logisch eine räumliche Ungleichheit und soziale Spaltung. In den großen Städten steigen die Mieten und Wohnungen sind knapp. Darüber wird seit Jahren berichtet und diskutiert. Auf dem Land oder in randständigen Regionen sind hingegen Leerstand oder der Verfall von Wohngebäuden ein Thema.

Die unterschiedliche Betroffenheit liegt also in der Natur der Sache. Ganz abstrakt gesprochen, ist die Herausbildung räumlicher Ungleichheiten die Voraussetzung und die Folge einer kapitalistischen Urbanisierung selbst. Gerade weil Konkurrenz- und Wettbewerbslogik immer das Streben nach der Investition mit der größten Gewinnerwartung hervorbringen, konzentriert sich das immobilienwirtschaftliche Interesse auf die eh schon teuren Städte. Dort wird gebaut und vor allem gekauft, weil höhere Erträge locken als in anderen Regionen. Meist sind das auch die Städte, die mit guten Arbeitsplätzen, Ausbildungsgelegenheiten und funktionierenden Infrastrukturen eine große Anziehungskraft für Zuzüge ausüben und durch wachsende Bevölkerungszahlen geprägt sind.

Es ist also kein Wunder, dass in Metropolen wie Berlin, München und Hamburg das Problem mit den steigenden Mieten besonders drastisch ist.

Nein. Entsprechend werden Mietpreiskontrollen in diesen großen Städten stärker eingefordert als beispielsweise in peripheren Regionen oder schrumpfenden Städten. Wir müssen nicht nur zwischen Stadt und Land, sondern auch bezogen auf die verschiedenen Einkommensklassen differenzieren. Für Haushalte mit deutlich unterdurchschnittlichen Einkommen gibt es eigentlich immer Wohnungsnotlagen, weil die Kosten der Miete einen großen Teil des kleinen Einkommens verschlingen und dann wenig für andere Lebensbereiche übrig bleibt. Statistische Daten zeigen sehr deutlich: je geringer das Einkommen, desto höher die Mietbelastungsquote. Bundesweit muss etwa die Hälfte aller Haushalte in Mietwohnungen mehr als 30 Prozent des verfügbaren Einkommens für Wohnen ausgeben, knapp ein Viertel sogar mehr als 40 Prozent.

Diese Konstellation ist relativ einfach aus den Marktmechanismen des Wohnungsmarktes zu erklären: Weil private Vermieter und kommerzielle Wohnungsunternehmen in ihren Bewirtschaftungsstrategien einer ökonomisch-rationalen Kalkulationslogik folgen, versuchen die allermeisten von ihnen, ihre Wohnungen zumindest zu den jeweils üblichen Konditionen zu vermieten – oder sogar einen überdurchschnittlichen Mietertrag zu erzielen. Ein freiwilliger Verzicht auf den ortsüblichen Mietertrag widerspricht der Logik von Investitionen.

Wenn wir uns in den Städten die Verteilung der Mietpreise ansehen, dann bestätigt diese die Durchschnittsorientierung. Die allermeisten Bestandsmieten bewegen sich rund um die jeweilige Medianmiete und es gibt nur sehr wenige

Wohnungen mit günstigeren Mieten und auch nur wenige Wohnungen mit deutlich teureren Mieten. Die Grafiken zur Mietpreisverteilung haben deshalb meistens die Form einer Glocke. Dieser glockenförmigen medianzentrierten Normalverteilung von Mietpreisen steht jedoch eine deutlich polarisierte Einkommensstruktur entgegen, bei der jeweils sehr viele Haushalte den einzelnen Einkommensklassen zugeordnet werden können. So leben in den Großstädten beispielsweise 17 Prozent der Haushalte, die statistisch als arm gelten, weil ihre Einkommen weniger als 60 Prozent des Medianeinkommens betragen. Weitere 18 Prozent haben ein Einkommen von maximal 80 Prozent des Medianeinkommens. Über ein Drittel aller Haushalte in den Großstädten wäre also mit den deutlich unterdurchschnittlichen Einkommen auf Mietwohnungen mit einem deutlich unterdurchschnittlichen Mietpreis angewiesen. Doch genau diese Wohnungen werden vom Markt nicht bereitgestellt, sodass in der Wohnforschung von einem systematischen Marktversagen gesprochen wird.

Kann man denn überhaupt von einem Versagen sprechen, wenn es gar nicht der Anspruch »des Marktes« ist, alle Menschen zu versorgen? Das ist dann eher »Normalität« als ein Problem, das mit »Versagen« angezeigt ist.

Wie gesagt, die Wohnversorgung ist für einen Teil der Bevölkerung ein Dauerproblem, ganz normaler Alltag. Da interessiert es dann auch niemanden groß, ob der Markt »versagt«. Wohnungskrisen werden vor allem dann öffentlich diskutiert, wenn auch die Mittelschichten davon betroffen sind. Gerade in der feuilletonistischen Variante der Meinungsbildung werden regelmäßig Schicksale von jungen Lehrerinnen und ihren Familien, von befreundeten Künstlern oder auch die Erfahrungen der eigenen Wohnungssuche als Belege für die Dringlichkeit der Wohnungsfrage angeführt. Die Dramatisierung, dass inzwischen »selbst ganz normale Familien« keine bezahlbaren Wohnungen mehr finden, hat einen zutiefst sozialchauvinistischen Charakter, scheint aber die Voraussetzung dafür zu sein, die Wohnungsfrage als gesellschaftliches Problem anzuerkennen.

Die Wohnungskrise ist kein spezifisch deutsches Problem ... Nein, ganz und gar nicht. Wohnungskrisen sind ein treuer Begleiter von Urbansierungsprozessen und es gibt in fast allen Gegenden der Welt gravierende Probleme bei der Versorgung mit angemessenen und leistbaren Wohnungen. In den Metropolen des Südens ist es noch stärker als in der Bundesrepublik eine Frage der Angemessenheit, also der mangelnden Standards, wenn wir an die Wohnverhältnisse in den Slums und Favelas denken, in denen es oft eine nur unzureichende Wasser- und Stromversorgung gibt, die dichte Bebauung mit minderwertigen Materialien keine Privatsphäre bietet und ganze Nachbarschaften in Risikolagen errichtet werden.

In den europäischen Metropolen dominiert vor allem der Mangel an leistbaren Wohnungen. Hinzu kommt in fast allen Kontexten der Stadtentwicklung die Verdrängungsgefahr besonders für Haushalte mit geringeren Einkommen. Der kritische Geograf Neil Smith hat bereits Anfang der 2000er-Jahre die Gentrifizierung als »global urban strategy« beschrieben, weil die Zyklen der Inwertsetzung des Immobilienkapitals keine Grenzen kennen und in systemischer Regelmäßigkeit bestehende Wohnviertel zerstören, um eine Nutzung mit höheren Gewinnen zu etablieren.

Wann hat das mit dem Anstieg der Mieten angefangen? Mietsteigerung ist eigentlich ein unzutreffender Ausdruck. In den wohnungspolitischen Protesten heißt es völlig zu Recht, »Mieten steigen nicht, sie werden erhöht«, weil es in den ungleichen Vertragsverhältnissen immer die Vermietenden sind, die über die Höhe der Mieten entscheiden. Vor allem aber sind Mieterhöhungen ein dauerhaftes Wesensmerkmal marktförmig organisierter Wohnversorgungssysteme. Schon bei Marx und Engels gibt es Hinweise, darauf, dass Eigentümer, wenn sie aus wirtschaftlichen Impulsen heraus handeln, immer danach streben, die höchste und beste Nutzung durchzusetzen. Marx sagt sinngemäß, wenn Kapital als Geld, Grund und Boden oder Haus ausgeliehen wird, wird es selbst zur Ware und wird entsprechend in Zirkulation gesetzt. Ökonomisch betrachtet, sind Mietzahlungen also als Zinszahlungen für das in den Immobilien fixierte Kapital anzusehen. Und wie auch in anderen Bereichen der kapitalistischen Wirtschaft werden diejenigen, die das Kapital angelegt haben, immer versuchen, mindestens die durchschnittliche Verzinsung ihres eingesetzten Kapitals zu realisieren oder auf noch besser verzinste Optionen zu wechseln.

Mietsteigerungen sind daher in die Ökonomie des Kapitalismus eingeschrieben und setzen nur in markanten Krisensituationen aus, wenn die Nachfrage kollabiert oder wenn der Staat mit strengen Auflagen in die Miethöhen eingreift. Ganz interessant ist dabei, dass die Anteile von steigenden Kosten für die Bewirtschaftung bei privaten Vermietern nur etwa 40 Prozent der Mieterträge betragen. Preissteigerungen können also nur zu einem sehr geringen Teil direkt auf die Inflationsdynamiken zurückgeführt werden.

Für diese allgemeinen ökonomischen Prinzipien gilt aber, wie immer bei politökonomischen Analysen, dass diese sich in konkreten gesellschaftlichen Bedingungen entfalten und dabei auch Variationen annehmen können, die von der allgemeinen wirtschaftlichen Lage, von Regulationsbedingungen, von historisch gewachsenen kulturellen Überzeugungen im Bereich des Wohnens und von vielen anderen Faktoren bestimmt werden.

Bei aller Komplexität – wo würdest du die wesentlichen Ursachen für die Erhöhung der Mieten sehen?

Ganz abstrakt und systematisch betrachtet, gibt es nur eine wesentliche Ursache: die Hegemonie der Eigentumsordnung und die mit ihr verbundene privatnützliche Verwertungslogik und Wachstumsorientierung. Wenn wir danach fragen, welche konkreten gesellschaftlichen Formen diese Grundkonstellation zurzeit prägen, dann lassen sich demografische, makroökonomische und politische Bedingungen anführen, die sich in den letzten Jahren verändert haben.

So zeigen Umzugsdaten einen fortgesetzten Trend zur Urbanisierung. Nach wie vor ziehen deutlich mehr Menschen vom Land in die Städte als umgekehrt. Das städtische Leben – so die übliche Erklärung dafür – passe besser zu den flexiblen Arbeitsverhältnissen, zu den variablen Lebensentwürfen und zu den Erwartungen, dass immer größere Anteile von Care-Arbeit und Annehmlichkeiten außerhalb des Haushaltes angeboten werden. Während Lebensentwürfe der Mittelschicht in suburbanen und ländlichen Räumen mit kapitalintensiven Gerätschaften vom Zweitauto über den Rasenmäher bis zum eigenen Pool im Garten verbunden werden, setzt die städtische Mittelklasse eher auf einen außerhäuslichen Mix arbeitsintensiver Dienstleistungen in der Lieblingsbar, im Waschsalon und im Yoga-Studio. Salopp gesagt: Weil mehr Leute lieber in einer Bar als auf einem Rasenmäher sitzen, steigt die Zahl der Wohnungssuchenden in den Städten. Aber auch für andere Klassen gilt: Die Stadt ist mit ihrem dichten Netz an Jobs, Anlaufstellen, Hilfsangeboten einfach für viele die attraktivere Alternative. Erklärungsgehalt für die Mietsteigerungen wäre also die steigende Nachfrage, die die vorhandenen Wohnungen in ein knappes Gut verwandelt, für das dann höhere Preise aufgerufen werden können.

Das hört sich zwar einleuchtend an, ist aber doch eine recht »individualistische« Begründung.

Eine eher makroökonomische Erklärung würde auf die Trends der Deindustrialisierung und des Übergangs zur

Dienstleistungs- und Wissensökonomie verweisen, die mit einer Rückverlagerung von Arbeitsgelegenheiten und Arbeitsstätten in die Innenstädte verbunden sind. Das ist zum einen die wirtschaftliche Basis der eben beschriebenen demografischen Prozesse, zum anderen verstärkt sich die Konkurrenz zwischen Wohn- und Büronutzung in den Städten. Damit verändern sich in vielen Stadtteilen die Bedingungen des »highest and best use« und damit der Druck auf die Wohnungsmärkte.

Michael Hardt und Antonio Negri haben in ihren Überlegungen zu den veränderten Arbeitsverhältnissen für weite Bereiche der Technologie und Wissensökonomie von der »relativen Autonomie der Beschäftigten« gesprochen, die als viel gefragte Freelancer, als Programmierer oder freischaffende Autorinnen nicht mehr unmittelbar dem Kommando des Kapitals unterstehen. Um trotzdem Mehrwert abzuschöpfen, bieten sich hohe Miet- und Kaufpreise in städtischen Immobilien an, die von denen gezahlt werden, die aus den Vorteilen der städtischen Dichte Wissen produzieren und verkaufen wollen.

Es gibt ein sehr schönes Bild-Essay von Christoph Schäfer mit dem Titel »Die Stadt ist unsere Fabrik«. Da wird der Gedanke formuliert, dass sich sowohl die Voraussetzungen der Produktion als auch die Voraussetzungen für die Aneignung von Mehrwert verändert haben. Wenn die Stadt unsere Fabrik ist, dann sind die Immobilien als Teil der Produktionsmittel anzusehen. Gerade weil sich die Immobilienmärkte von einer schnöden Voraussetzung für die Produktionsanlagen, in denen die Ausbeutung von Arbeit erfolgen konnte, zum Zentrum der Mehrwertschöpfung verwandelt haben, ist auch das kapitalseitige Interesse an Immobilienbesitz noch einmal deutlich gestiegen. Steigende Bodenpreise und eine schrittweise Konzentration des städtischen Grundbesitzes in den Händen von wenigen sehr großen Konzernen stehen für diesen Trend und sind von der Angebotsseite her für die Mietsteigerungen verantwortlich.

Als dritte zentrale Ursache möchte ich die veränderten politischen Bedingungen nennen. Der Dreiklang aus Deregulierung, Liberalisierung und Privatisierung hat die neoliberale Politik der letzten 30 Jahre in vielen Städten geprägt.

Wie hat sich das ausgewirkt?

Die Lockerung von Auflagen im Mietrecht zum Beispiel oder auch die 1990 erfolgte Aufhebung der Gemeinnützigkeit in der Bundesrepublik sowie der schrittweise Rückzug aus den Förderprogrammen des sozialen Wohnungsbaus waren im Rückblick begünstigende Voraussetzungen für die umfangreiche Privatisierung vormals öffentlicher Wohnungen. David Harvey beschrieb diese Vorgänge als »Akkumulation durch Enteignung«, weil durch die Kommodifizierung von vormals öffentlichen Versorgungsbereichen neue Verwertungssphären kreiert werden. Die Privatisierung von Wohnraum erfolgte dabei in vielen Ländern im Kontext eines *austerity urbanism*, also einer von Schuld- und Spardruck geprägten Politik, die die Konsolidierung von städtischen Haushalten nutzt, um den Verkauf von öffentlichen Einrichtungen, öffentlichen Wohnungsbeständen und öffentlichen Liegenschaften zu legitimieren.

Aus einer kritischen Perspektive ist die Privatisierung kein Lösungsinstrument der Schuldenkrise, sondern der eigentliche Zweck einer neoliberalen Politik, die sich versucht, durch Schuldenkrisen zu legitimieren. Im Bereich des Wohnens führten diese Prozesse zu einer Marktradikalisierung und zu einem Bedeutungszuwachs von institutionellen Investoren. In Berlin beispielsweise liegt deren Anteil inzwischen bei etwa 20 Prozent der Mietwohnungen.

Wohnungsnot, auch in der Form unbezahlbarer Mieten, ist kein modernes Phänomen, es ist historisch immer wie-

der aufgekommen. Gibt es Lösungsansätze in der Geschichte, die du inspirierend findest?

Die Geschichte der Wohnungspolitik ist relativ reich an verschiedenen Varianten staatlicher Eingriffe, um eine halbwegs gerechte Wohnungsversorgung zu erreichen. Ganz grob lassen sich regulative, distributive und produktive Strategien unterscheiden.

Eine Regulation der Wohnungsmärkte zielte in der Regel auf Gesetze zur Mietpreiskontrolle, die es zumindest in Westeuropa im letzten Jahrhundert in fast allen Ländern gegeben hat. Typisch waren – jeweils in Reaktion auf die Wohnungsnot nach den Weltkriegen – eine staatliche Festlegung der Mietpreise und ein Verbot von Mietsteigerungen und Kündigungen. In der Weimarer Republik wurde nach einer Phase der Wohnungszwangsbewirtschaftung 1922 das erste Reichsmietengesetz eingeführt, in dem die Miete – auch bei Neuvermietungen – auf dem Niveau von 1914 festgelegt wurde, die sogenannte Friedensmiete. Nur Neubauten waren von dieser Regel ausgenommen. In Schweden gab es bis Anfang der 2000er-Jahre ein System der Verhandlungsmiete, bei der die kommunalen Wohnungsbaugesellschaften mit der Mietergewerkschaft aushandelten, wie hoch die Mieten im folgenden Jahr steigen durften. Die Verhandlungsergebnisse galten dann auch für den privat vermieteten Sektor.

Die distributiven Wohnungspolitiken reichen in der Geschichte noch weiter zurück. So wurden 1870/71 im Zuge der Pariser Commune die leer stehenden Wohnungen beschlagnahmt und an Bedürftige vergeben. Nach den Weltkriegen gab es auch in Deutschland Phasen der Zwangsbewirtschaftung, bei denen die kommunalen Ämter die Einweisung in Wohnungen vorgenommen haben. In abgeschwächter Form gibt es noch heute Formen der Belegungsbindung in den geförderten Wohnungsbeständen oder geschützten Marktsegmenten für besonders bedürftige Haushalte. Dort gelten bei der Vergabe der Wohnungen festgelegte Einkommensgrenzen, die aktuell durch einen WBS – also einen Wohnberechtigungsschein – nachgewiesen werden müssen.

Bei den Beispielen für eine produktive Wohnungspolitik wird fast immer auf den Gemeindewohnungsbau im Roten Wien verwiesen, doch mit dem Council Housing in Großbritannien, den kommunalen Wohnungen des 1-Millionen-Wohnungen-Programms in Schweden oder auch dem staatlichen Massenwohnungsbau in den sozialistischen Ländern lassen sich weitere Beispiele nennen, bei denen durch staatliche Investitionen bezahlbarer Wohnraum neu entstand.

Warum waren solche Regelungen nicht von Dauer?
Ganz allgemein sind soziale und sozialistische Wohnungspolitiken auf die entsprechenden gesellschaftlichen Kräfteverhältnisse angewiesen. Starke Eingriffe in den privaten Wohnungsmarkt und eine öffentliche Verantwortung für die soziale Wohnversorgung hat es vor allem dann gegeben, wenn es sozialdemokratische oder sozialistische Regierungen gab und eine starke und kämpferische Gewerkschaftsbewegung. Zudem korrespondierte eine soziale Wohnungspolitik mit den Anforderungen des fordistischen Wachstumsmodells. Gerade weil die beständige Ausweitung der industriellen Produktion auf Massenkonsum setzte, waren günstige Mieten eine wichtige Voraussetzung für das Wirtschaftsmodell. Auch der fast immer öffentlich finanzierte Massenwohnungsbau der 1960er- und 1970er-Jahre folgte dem fordistischen Prinzip und setzte auf die Impulse von öffentlichen Investitionen in Schlüsselindustrien.

Mit der zunehmenden internationalen Vernetzung der Produktion und dem Übergang zu einer Dienstleistungsökonomie verloren die günstigen Mieten ihre Funktion für den Wirtschaftsstandort – nicht zuletzt, weil die Absatzmärkte sich ins Ausland verlagerten. Für eine Wirtschaft, die sich selbst als Exportweltmeister sieht, verliert die Zahlungsfähigkeit der Binnennachfrage an Bedeutung. Zum Problem werden die hohen Mieten aus dieser Perspektive erst, wenn Städte wie München oder Frankfurt am Main zu teuer für die umworbenen Fachkräfte und das notwendige Servicepersonal werden, die die Städte am Laufen halten.

Auch auf der Ebene der politischen und kulturellen Hegemonie verschob sich die Orientierung von einer »sozialen Marktwirtschaft« hin zu »Wettbewerbsfähigkeit und Eigenverantwortung«. Entsprechend setzten sich auch im Bereich der Wohnungspolitik zunehmend Positionen durch, die auf die Kräfte des Marktes setzen und staatliche Eingriffe reduzieren wollen. Der Staat soll sich demnach weitgehend zurückziehen und nur noch in echten Notlagen eingreifen. Die zuletzt geführten Debatten über Totalverweigerer im Bürgergeldbezug zeigen, dass auch die Definition der Berechtigten für soziale Unterstützungsleistungen auf einen möglichst kleinen Restbestand an wirklich Notleidenden eingeschränkt werden soll.

In den Programmen der Wohnungsbauförderung wurde diese Beschränkung der Sozialpolitik bereits 2001 vollzogen. Bis dahin richteten sich die Förderprogramme nach dem 1956 beschlossenen Zweiten Wohnungsbaugesetz an »breite Schichten der Bevölkerung« – seit 2001 gilt das Wohnraumfördergesetz und die Zielgruppe der geförderten Wohnungen sind nun diejenigen, »die sich am Markt nicht angemessen mit Wohnraum versorgen können und auf Unterstützung angewiesen sind«. Hier hat sich der Staat aus einer intervenierenden und investierenden Wohnungspolitik zurückgezogen und überlässt das Wohnungswesen stärker als in der Vergangenheit den Marktdynamiken.

Zu den Maßnahmen einer »antifaschistischen Wirtschaftspolitik«, wie sie derzeit diskutiert wird, werden auch Preiskontrollen gezählt. Das bezieht sich dann auf Güter wie Energie oder Lebensmittel, deren Preise massiv erhöht wurden und die gedeckelt werden sollen. Passiert ist das zum Beispiel bei der Gaspreisbremse. Du hast zum Mietendeckel, den viele Linke und Progressive seit Längerem fordern, eine Studie vorgelegt. Würdest du ihn auch als eine Art Preiskontrolle verstehen?

Ja, ein Mietendeckel, so wie er vorgeschlagen wird, wäre ein deutlicher Eingriff in die Preisbildung des Mietwohnungsmarkts. Es sind in den letzten Jahren einige Studien erschienen, die belegen, dass es historisch in fast allen Ländern der Erde Mietpreisregulierungen gegeben hat. In internationalen Debatten wird zwischen verschiedenen Generationen der Mietpreiskontrolle unterschieden. Die erste Generation wird dabei als »rent freeze« bezeichnet und war durch eine strikte Festlegung (»Einfrieren«) von Mietpreisen gekennzeichnet, die für alle Mietwohnungen galt und auch die Neuvermietungen miteinschloss. Die zweite Generation wird als »soft regulation« beschrieben und umfasst typischerweise eine Reihe von Vorschriften zur Miethöhe und zu den erlaubten Mietsteigerungen, die eine »angemessene« Rendite für die Vermieter ermöglichen. Als dritte Generation gelten die sehr abgeschwächten Eingriffe »flexibler Regulierungen«, die nur die Mietsteigerungen innerhalb eines bestehenden Mietverhältnisses betreffen, aber nicht mehr die zwischen den Mietverhältnissen. Das ist der Standard im Mietrecht der Bundesrepublik, bei der Kappungsgrenzen für Mieterhöhungen in laufenden Mietverträgen gelten, die Neuvermietungsmiete aber frei verhandelt werden kann.

Mit dem von der Partei Die Linke vorgeschlagenen Mietendeckel sollen zumindest in den Städten mit Wohnungsnotlagen die Mieten eingefroren werden und auch die Neuvermietungen dürfen die jeweiligen Referenzmieten nicht überschreiten. Eine solche Mietpreiskontrolle würde die sozialen Spaltungen in der Gesellschaft reduzieren und vielen Haushalten die existenziellen Ängste des drohenden Wohnungsverlusts nehmen. Eine international vergleichende Studie des Deutschen Instituts der Wirtschaft (DIW) hat auf der Datenbasis von 21 Ländern gezeigt, dass es einen engen Zusammenhang zwischen der Intensität der Mietpreiskontrollen und den Ungleichheitsindikatoren gibt.

Wieso werden diese Kontrollen zeitlich begrenzt?

Eine Antwort ist in derselben Studie des DIW zu finden: Mietpreisfestsetzungen über einen längeren Zeitraum können zur Vernachlässigung an den Wohngebäuden und zu weniger Neubau führen. Wenn Mietpreiskontrollen nicht von öffentlichen Investitionen in Neubau und Modernisierung begleitet werden, machen es entstehender Wohnungsmangel und auch die Substanz- und Qualitätsverluste der Wohngebäude der Wohnungswirtschaft leicht, eine Aufhebung der Mietpreiskontrollen zu fordern.

Die zeitliche Begrenzung von Mietpreiskontrollen ist oft auch ein Tribut an die politischen Kräfteverhältnisse. Solange es eine gesellschaftliche oder zumindest politische Hegemonie für eine marktwirtschaftliche Orientierung gibt, werden Preiskontrollen und auch Mietpreisregulierungen fast immer als vorübergehende Maßnahmen verkauft, die nur so lange gelten sollen, bis der Markt wieder in der Lage sei, die entsprechenden Versorgungsaufgaben selbst zu erfüllen. In Bezug auf die soziale Wohnversorgung wissen wir zwar, dass es keine marktförmige Versorgungssicherheit geben kann, trotzdem argumentieren auch Mieterverbände und linke Parteien oft mit dem temporären Charakter der geforderten Eingriffe. Das gilt für die Mietpreisbremse, die gerade noch einmal verlängert wurde, und auch für den Berliner Mietendeckel, der in der Begleitkampagne durch die rot-rot-grüne Landesregierung als »Atempause für die Mieter*innen der Stadt« angepriesen wurde.

Es gibt ja schon Regulierungsinstrumente wie den Mietspiegel und die Mietpreisbremse. Wieso reichen die nicht aus?

Der Mietspiegel gibt – wie der Name schon sagt – die Mietpreisentwicklungen nur wieder. Weil nach den aktuellen gesetzlichen Regelungen zur Bestimmung der »ortsüblichen Vergleichsmiete« nur Neuvertragsmieten und Mietpreisveränderungen der letzten sechs Jahre erfasst werden, steigen die Vergleichsmieten regelmäßig. Entsprechend steigen dann auch die Spielräume für Mieterhöhungen. Das trifft insbesondere die bisher günstigen Wohnungen, denn laut Mietrecht kann die Miete bis zur »ortsüblichen Vergleichsmiete« angehoben werden. Weil die sich durch den beschriebenen Erhebungsmechanismus regelmäßig erhöht, sprechen Mieterorganisationen völlig zu Recht von »Mieterhöhungsspiegeln«.

Die Mietpreisbremse hingegen ist ein Versuch, in Gebieten mit angespannter Wohnungsmarktlage die Höhe der Neuvermietungsmieten auf zehn Prozent über der ortsüblichen Vergleichsmiete zu beschränken. Ohne Mietpreisbremse dürfen Neuvermietungsmieten völlig frei von den Vermietern festgesetzt werden. Die Kappung der Neuvermietungsmiete ist grundsätzlich eine gute Idee – der gesetzliche Rahmen der Mietpreisbremse hat jedoch viele Lücken, sodass beispielsweise nach Modernisierungsarbeiten, in möblierten Wohnungen oder bei Kurzzeitvermietungen höhere Mieten aufgerufen werden können. Zudem benötigt die Anwendung der Mietpreisbremse sowohl Beschlüsse auf der Landesebene als auch in den Kommunen selbst – viel zu viele Spielräume für die Politik, eine Anwendung der Mietpreisbremse zu verhindern.

Es gab schon den Versuch in Berlin, einen Mietendeckel einzuführen. Der wurde dann vom Bundesverfassungsgericht mit der Begründung kassiert, dass dies nur auf Bundesebene erlaubt sei. Ein neuer Versuch auf Bundesebene wäre also durchaus möglich. Aber der Widerstand dagegen ist groß. Was sind die gängigen Argumente?

Die Ablehnung des Mietendeckels hat vor allem ökonomische Gründe. Die Summe aller Mietzahlungen in der Bundesrepublik beläuft sich auf etwa 150 Milliarden Euro pro Jahr, von denen fast 100 Milliarden als Gewinn (vor Steuern) oder für den Vermögensaufbau eingenommen werden. Entsprechend groß ist der Anreiz der privaten Eigentümer und Unternehmen, denen etwa 80 Prozent der Mietwohnungen gehören, sich steigende Erträge auch in den kommenden Jahren zu sichern.

In den öffentlichen Auseinandersetzungen werden diese monetären Interessen aber hinter anderen Argumenten versteckt. Besonders prominent sind die Sorge um den Zustand der Gebäude und die negativen Auswirkungen auf das Neubaugeschehen. Ohne Mietsteigerungsoptionen gäbe es keine Investitionsanreize mehr, heißt es dann, sodass ein Mietendeckel unweigerlich zum Verfall der Wohnungen führe und den Neubau zum Erliegen bringe. Eine zweite Argumentationslinie appelliert an das Gerechtigkeitsempfinden der Gesellschaft. Ein Mietendeckel schade vor allem den vielen kleinen Eigentümern, die für ihre Altersvorsorge eine Wohnung vermieten und jetzt durch den politischen Eingriff um ihre Alterssicherung geprellt werden. Ähnlich in der Neiddebatte: Von einem Mietendeckel würden auch die Professoren in den großen Altbauwohnungen in bester Lage profitieren. Die dritte Gruppe der Gegenargumente lässt sich als antikommunistischer Reflex beschreiben: Mietpreiskontrollen gelten dort als Zwangsinstrumente aus der sozialistischen Mottenkiste, die über kurz oder lang zu Verhältnissen wie in Venezuela, Nordkorea oder – noch schlimmer – wie in der DDR führen würden. Zudem sei ein Mietendeckel verfassungswidrig und würde nicht in das System einer Marktwirtschaft passen.

Hast du Verständnis für solche Bedenken oder Argumente gegen staatliche Preisregulierung auf dem Wohnungsmarkt?

Nein, wirklich nicht. Die meisten Argumente gehören zum Standardrepertoire von wohnungspolitischen Debatten, und die Drohung vor Verfall und rückläufigen Neubauzahlen wird auch vorgebracht, wenn es um Mietpreisbremsen, Vergesellschaftungsideen oder die Wiedereinführung der Wohnungsgemeinnützigkeit geht. Die Drohung, nicht mehr in die Instandhaltung und den Neubau zu investieren, stimmt abstrakt ja immer, weil es im Kapitalismus ohne Gewinnaussicht keinen Investitionen gibt. Aber genau das ist ja das Problem und keine Folge eines Mietendeckels. Wenn wir das Szenario des Investitionsstreiks ernst nehmen, dann bedeutet das vor allem, dass Mietpreisregulierungen immer auch von öffentlichen Investitionsprogrammen begleitet werden müssen. Eine soziale Wohnungspolitik setzt eine umfassende öffentliche Verantwortung für die Wohnversorgung voraus.

Es gibt einen Slogan in den sozialen Bewegungen, der lautet »Wohnen ist keine Ware« – was eine politische Forderung und keine Zustandsbeschreibung ist. Wieso aber soll ausgerechnet Wohnen keine Ware sein? Ist es weniger ein Problem, wenn – sagen wir – Brot als Ware verkauft wird?

Der Kapitalismus ist voller Widersprüche. Wohnen gilt als Menschenrecht und Wohnungen werden in der Regel als Waren angesehen. David Madden und Peter Marcuse haben den Widerspruch sehr plastisch als einen dauerhaften Konflikt zwischen »housing as home« und »housing as real estate« – also dem Wohnen als Zuhause und dem Wohnen als Immobilie – beschrieben. Gerade die Mietwohnungsmärkte sind von antagonistischen Gegensätzen geprägt, die als ein ökonomisches Nullsummenspiel verstanden werden können: Das Durchsetzen von möglichst hohen Erträgen geht dabei immer zulasten der Wohnqualität und der Leistbarkeit. Der Trick, mit günstigen Wohnungen die höchsten Gewinne zu erwirtschaften, wurde bisher noch nicht gefunden.

Wichtig wäre es meines Erachtens jedoch, wenn die Kritik am Warencharakter der Wohnungsversorgung durch eine Diskussion darüber ergänzt würde, was das Wohnen sein soll, wenn es keine Ware ist. Da finde ich zwei Ansätze ganz spannend. Zum einen die Überlegungen zu Gütern der kollektiven Konsumtion, die von Manuel Castells schon in den 1960er-Jahren formuliert wurden, um all die Güter und Dienstleistungen zu beschreiben, deren Herstellung wir nicht individuell leisten können und deren Gebrauch auch nicht individuell erfolgt. Im Blick hatte er da zum Beispiel Kanalisationssysteme, Nahverkehrsnetze und auch Bildungs- und Kultureinrichtungen. Auch das Wohnen in der Großstadt setzt eine koordinierte Produktion und eine kollektiv zumindest abgestimmte Nutzung voraus.

Zum anderen sind es die aktuellen Thesen aus dem Kreis des Foundational Economy Collectivs, das sich mit der Ökonomie des Alltagslebens beschäftigt und dabei eine Reihe von ökonomischen Sektoren benennt, die demzufolge umso mehr zum gesellschaftlichen Wohlstand beitragen, je weniger sie nach kapitalistischen Prinzipien organisiert sind. Aus dieser Perspektive wäre die Wohnversorgung ganz klar ein Fall für die Alltagsökonomie, die wie andere soziale Infrastrukturen auch vom Staat bereitgestellt werden sollte, statt unter Marktprinzipien bewirtschaftet zu werden.

Bist du der Meinung, dass der Staat oder die Kommunen nachhaltig und dauerhaft für ein bezahlbares Wohnen für alle sorgen können? Wo siehst du persönlich die Grenzen staatlicher Eingriffe in den Wohnungsmarkt – bezogen auf den Mietendeckel? Oder anders gefragt: Was müsste passieren, um das Wohnungsproblem nachhaltig und für alle zu lösen?

Staatliches Handeln kann als Regulierung mit Gesetzen, als Finanzierung von Förderprogrammen und auch durch die unmittelbare Bereitstellung öffentlicher Güter und Dienstleistungen erfolgen. Eine verantwortungsvolle Wohnungspolitik müsste alle drei Optionen nutzen und sinnvoll miteinander verbinden. Ein Mietendeckel als singuläres Instrument kann bei konsequenter Umsetzung kurzzeitige Umverteilungsmomente erzeugen und Wohnversorgungskrisen entschärfen – ein langfristiges Transformationspotenzial hat ein Mietendeckel nicht, denn das würde eine Verschiebung der Eigentumsverhältnisse voraussetzen. Ganz simpel gesprochen, ist die Dekommodifizierung der Schlüssel für eine soziale Wohnversorgung, also die Herauslösung aus den Markt- und Verwertungslogiken. Das setzt die Überführung von möglichst großen Wohnungsbeständen in gemeinwirtschaftliche Eigentumsformen voraus.

Der Staat oder die öffentliche Hand ist bei den denkbaren Strategien einer Dekommodifizierung die einzige Institution, die beim Bau von Wohnungen die Chance hat, die Mietpreise von den Erstellungskosten zu entkoppeln. Gerade wegen der ausgeprägten Mitbestimmungs- und Selbstverwaltungsversprechen haben Genossenschaften und auch selbstorganisierte Wohnprojekte einen sehr guten Ruf in vielen wohnungspolitischen Diskussionen. Aber auch jede noch so soziale Genossenschaft wird beim Neubau von Wohnungen immer mindestens die Kostenmiete verlangen müssen, also eine Miete, die alle Ausgaben der Bewirtschaftung und der Refinanzierung (z. B. Bau- oder Erwerbskosten) deckt. Der Staat hingegen kann soziale Infrastrukturen bereitstellen. So wie niemand erwartet, dass die Kosten für das Bibliotheksgebäude aus den Gebühren der Nutzerinnen und Nutzer finanziert werden, so könnten auch Wohnungen bereitgestellt werden, ohne dass die Kosten für die Refinanzierung von Bau oder Kauf der Gebäude von den Mieten gedeckt werden müssen. Das Prinzip der öffentlichen Investition ist aus meiner Sicht die beste Option, um leistbares Wohnen für alle Einkommensgruppen dauerhaft zu sichern.

Der Wohnungsbau im Roten Wien erfolgte genau nach diesem Prinzip und die Gemeinde Wien stellte die sozialen Ziele des Wohnungsbaus über die kommerziellen Grundsätze. Da Mieten in Höhe einer auskömmlichen Verzinsung der Baukosten für die breite Masse zu teuer gewesen wären, verzichtete Wien von vornherein auf die Hereinbringung der Baukosten. Mit der Einführung einer Wohnbausteuer wurde zumindest ein Teil der Kosten für den Wohnungsbau durch eine Sondersteuer gedeckt.

Preiskontrollen: Nur für den Notfall

Ein Gespräch mit Stephan Kaufmann

STEPHAN KAUFMANN ist Wirtschaftsjournalist und schreibt unter anderem für die Wochenzeitung *nd.DieWoche*, die *Frankfurter Rundschau*, den *Freitag* und für das Wirtschaftsmagazin *Surplus*.

SABINE NUSS: *Wenn das Leben teurer wird, wählen die Leute rechts. Ungefähr so könnte man das Ergebnis einiger Studien auf den Punkt bringen, die einen Zusammenhang zwischen Inflation – Preissteigerungen – und der Zustimmung zu rechten Parteien herstellen. Daher gelten Preiskontrollen als Teil einer »antifaschistischen Wirtschaftspolitik«. Nun gibt es ja Millionen von unterschiedlichen Gütern und Dienstleistungen, deren Preise steigen können. Ab wann spricht man von Inflation und wie wird sie gemessen?*

STEPHAN KAUFMANN: Gemessen wird mittels der Inflationsrate. Sie soll die Entwicklung des gesamtwirtschaftlichen Preisniveaus abbilden. Hier fließen die Preise Tausender Güter mit ein. Um diese Preise zu erheben, schickt zum Beispiel in Deutschland das Statistische Bundesamt tatsächlich regelmäßig seine »Preisbeobachter« aus, die prüfen, was billiger oder teurer geworden ist.

Wie muss ich mir das vorstellen? Da gibt es Leute, die gehen zu Aldi oder Mediamarkt oder schauen im Netz auf Immoscout, um zu prüfen, um wie viel die Butter, der Laptop oder die Miete teurer geworden sind?

Ja, ungefähr so, aber bei dem, was hierzulande als Teuerungsrate oder Inflationsrate – das ist das Gleiche – diskutiert wird, handelt es sich meist um den sogenannten Verbraucherpreisindex. In ihn gehen nur die Preise jener Güter ein, die private Haushalte kaufen, um zu konsumieren, also Brötchen, Pizza, Ketchup, Herrenhemden oder Schnürsenkel bis hin zu Benzin und Miete. Daneben gibt es noch andere Inflationsraten, zum Beispiel den Index der Preise für Rohstoffe oder für Produkte aus der Industrie.

Du hast gesagt, in die Berechnung der Inflationsraten fließen die Preise vieler Güter ein. Wie viele sind das beim deutschen Verbraucherpreisindex?

Da sind es mehr als 700. Daraus wird allerdings nicht einfach der Durchschnitt berechnet. Die einzelnen Güterarten werden gewichtet. Die Gütergruppe »Wohnraum, Wasser, Energie« zum Beispiel hat bei der Berechnung der Inflationsrate ein wesentlich höheres Gewicht als die Gütergruppe »Bekleidung und Schuhe«.

Am Ende wird aus alldem dann eine Inflationsrate berechnet, die über oder unter null Prozent liegen kann und die angeben soll, wie sich die Lebenshaltungskosten entwickelt haben im Vergleich zum Vormonat oder zum Vorjahr. Allerdings treffen steigende Preise – wenn es sich nicht gerade um Champagner und Kaviar handelt – die ärmeren Haushalte immer härter. Denn je weniger Geld man hat, umso schwerer wiegt ein Kaufkraftverlust. Außerdem geben ärmere Haushalte einen größeren Teil ihres Budgets für Dinge des täglichen Bedarfs aus, zum Beispiel für Energie. Es sind ja tendenziell eher solche Grundgüter, die im Preis steigen, weniger die Luxusgüter. Der Kaufkraftverlust der Ärmeren fiel in der Energiepreiskrise 2022 und 2023 deswegen relativ höher aus, verglichen mit den wohlhabenderen Haushalten.

Wenn die Inflation zurückgeht, atmen alle auf. Trotzdem hört man dann häufig Berichte, wonach Leute sagen, sie merkten nichts davon, die Butter sei immer noch sehr teuer.

Wenn die Inflation sinkt, sinken ja nicht die Preise, sie steigen nur langsamer. Die Butter wird also nicht billiger, sondern verteuert sich weniger. Wenn zum Beispiel die Inflation bei Butter im Jahr eins bei zehn Prozent liegt, verteuert sich das halbe Pfund von 2,00 Euro auf 2,20 Euro. Im Jahr zwei sinkt die Butter-Inflation auf fünf Prozent, was bedeutet: Das halbe Pfund verteuert sich von 2,20 auf etwa 2,30 Euro. Dann ist die gesunkene Inflationsrate ein schwacher Trost für jene, die den Preis von 2,00 Euro noch im Kopf haben.

Dazu kommt noch, dass die Inflationsrate immer von einem »durchschnittlichen« Haushalt mit einem »durchschnittlichen« Verbrauch ausgeht. Außerdem werden langfristige Konsumgüter wie beispielsweise Waschmaschinen oder Fernseher im Warenkorb zwar berücksichtigt, aber nur anteilig, da sie nicht jedes Jahr neu gekauft werden. Das bedeutet, dass der Kauf einer Waschmaschine rechnerisch auf mehrere Jahre verteilt wird, obwohl in der Realität ein Haushalt sie nur selten anschafft. Die Wahrnehmung der Inflation weicht also zwangsläufig von den gemessenen Zahlen ab.

Das heißt, selbst wenn ich meine eigenen Ausgaben per Haushaltsbuch genau kontrollieren würde, käme ich nicht auf die offizielle Inflationsrate?

Es gibt durchaus die Möglichkeit, das differenzierter darzustellen. Da wird dann auf Basis verschiedener Statistiken ermittelt, dass die Lebenshaltungskosten von alleinstehenden Frauen zum Beispiel stärker gestiegen sind als bei alleinstehenden Männern. Das wird darauf zurückgeführt, dass Männer mehr Elektronikgeräte kaufen, die im Erhebungszeitraum im Preis gesunken sind. Solche Unterschiede gibt es auch bei älteren und jüngeren Haushalten, jüngere konsumieren mehr Elektronikgeräte als ältere. Haushaltsspezifischen Berechnungen dieser Art werden von verschiedenen Wirtschaftsinstituten durchaus angestellt. Das gewerkschaftsnahe Institut für Makroökonomie hat für das Jahr 2023 beispielsweise auch ausgerechnet, dass Angestellte geringere Steigerungen ihrer Lebenshaltungskosten aufweisen als Rentner, weil auch hier unterschiedliche Konsummuster vorliegen.

Wenn sich etliche Maßnahmen wie Rentenanpassungen, Sozialleistungen oder Lohnverhandlungen an der offiziellen Inflationsrate orientieren, der reale Kaufkraftverlust einzelner Gruppen – etwa von Geringverdienern, Rentnern oder Familien – aber unterschätzt wird, führt das dann nicht zu noch mehr sozialer Ungleichheit?

Das kann durchaus sein. Die Inflationsrate ist, weil du von Lohnverhandlungen sprichst, auch eine zentrale Größe für Gewerkschaften. Jetzt mal abgesehen davon, dass die Inflationsrate die individuelle Situation nicht eins zu eins widerspiegeln muss, gleicht auch nicht jede Lohnerhöhung die Preiserhöhungen aus. Wenn Unternehmen ihre Preise im Durchschnitt um vier Prozent erhöht haben, die Löhne aber nur um drei Prozent steigen, dann haben die Lohnabhängigen trotz Lohnerhöhung nicht mehr in der Tasche, sondern sind real ärmer geworden. Sie können sich weniger leisten. Das Gleiche gilt natürlich auch für Unternehmen: Wenn ein Unternehmen fünf Prozent Gewinnsteigerung hat, die Inflationsrate aber ebenfalls fünf Prozent beträgt, ist der Gewinn real nicht gestiegen.

Apropos steigen. Im öffentlichen Diskurs dominiert die Redewendung »die Preise steigen«. Wir haben jetzt auch so geredet. Das klingt immer so, als würden die Preise steigen wie die Temperaturen beim Wetter, als sei das ein Naturereignis, dem wir schutzlos ausgeliefert sind.

Ja, völlig richtig. Diese Sprechweise verschleiert, dass ein Preisanstieg kein passiver, sondern ein aktiver Vorgang ist, das heißt, Preise werden gesetzt, und zwar von den Unternehmen. Diese Verschleierung verbirgt damit auch die Motivation der Unternehmen. Auf welche Höhe ein Preis festgelegt wird, hängt davon ab, wie hoch die Kosten für die Produktion eines Gutes sind, – Vorprodukte, Rohstoffe, Energie,

Verwaltung, Arbeitskraft etc. – und dann will das Unternehmen natürlich auch noch einen Gewinn machen. Private Unternehmen möchten möglichst viel verkaufen, in der Sprache der Wirtschaft: möglichst viel Nachfrage auf sich ziehen. Damit ergibt sich für sie ein Widerspruch: Einerseits soll der Preis möglichst hoch sein, weil das die Gewinnspanne erhöht, ich verdiene also mehr pro verkaufter Ware. Andererseits muss ich unter Umständen den Preis niedrig ansetzen, um die Konkurrenz zu unterbieten. Beides – Preissenkungen und Preiserhöhungen – dient dem gleichen Zweck: möglichst viel Gewinn.

Wenn ein Unternehmen die Preise senkt, macht es dann nicht Verlust?

Wenn ein Unternehmen Preise senkt, um Konkurrenten aus dem Markt zu drängen, nimmt es in der Tat heute weniger Gewinn ein oder nimmt sogar Verluste in Kauf – aber in der Hoffnung, morgen, wenn die Konkurrenten weg sind, wieder höhere Gewinne zu erzielen. Der weitaus häufigere Grund von Preissenkungen – bei unveränderten Produktionsbedingungen – ist aber, dass entweder mehr Konkurrenten mit niedrigeren Preisen auf den Markt strömen, etwa bei billigen Importen, oder dass die Nachfrage eingebrochen ist und das Unternehmen die Preise senken muss, um überhaupt noch etwas zu verkaufen. Das heißt, Preissenkung bedeutet eigentlich meistens, dass ein Unternehmen auf einen Teil des bisherigen Gewinns verzichtet, um überhaupt noch irgendeinen Gewinn oder manchmal auch nur um keinen Verlust zu machen. Die Orientierung bleibt aber der Gewinn.

Vor der Präsidentschaftswahl 2024 in den USA war zu beobachten, dass vor allem jene Donald Trump wählten, die sich am stärksten von Preiserhöhungen betroffen fühlten. Das bestätigt den oben erwähnten Zusammenhang.

Wobei es auch Trump-Wählerinnen und -wähler waren, die laut Umfragen meinten, die Inflation sei in jüngster Zeit gestiegen – dabei war sie real gesunken. Daran sieht man: Nicht nur die wahrgenommene Inflation kann die politische Einstellung beeinflussen – die Einstellung beeinflusst umgekehrt auch die Einschätzung der Inflation.

Warum ist das so?

Für den konkreten Fall der US-Wahl ist das meines Wissens noch nicht genauer untersucht worden. Ich erkläre mir das ungefähr so: Immer wieder wird in Studien belegt, dass die Menschen ihre Umwelt durch die Brille ihrer Annahmen sehen und dass sie dazu neigen, nach Anhaltspunkten zu suchen, die ihre Annahmen bestätigen. Umgekehrt blenden Menschen gern Sachverhalte aus, die ihren Annahmen widersprechen. Daraus könnte für Trump-Fans eine Neigung entstanden sein, die gesunkene Inflation zu ignorieren.

Eine andere, eher ökonomische Erklärung wäre: Die Inflationsrate in den USA war zwar bis vor der Wahl gesunken, aber sie war immer noch positiv, was bedeutet: Die Preise stiegen weiter, nur nicht mehr so schnell. Und diese langsameren Preissteigerungen kamen prozentual zu den vorangegangenen Preissteigerungen hinzu. Daraus kann für die Leute der Eindruck entstanden sein, dass die Inflation ja gar nicht nachgelassen hat – wie oben bei dem Beispiel mit der Butter.

Wenn Preise erhöht werden, beispielsweise von Lebensmitteln wie Butter oder Gemüse, dann wird von links oft der entsprechende Konzern als gierig und maßlos kritisiert. Konzerne, so lautet eine Kritik, würden eine Krisensituation schlicht ausnutzen und einfach mal pro forma was auf die Preise aufschlagen, um die Profite zu erhöhen. Die Konzerne wiederum rechtfertigen sich und sagen, es bliebe ihnen nichts anderes übrig, weil sie selbst mit steigenden Preisen für die Vorprodukte oder für Energie zu kämpfen haben. Wo liegt da die Wahrheit?

Das kommt auf die Situation an. Das hat man beispielsweise in der Gaskrise der Jahre 2022/23 gesehen, als die Preise für Energie in Deutschland stark stiegen, nachdem das Gas knapp geworden war, weil im Zuge des Ukrainekrieges und westlicher Sanktionen die russischen Gaslieferungen ausgefallen waren. Das ließ den Gaspreis explodieren, oder um es beim Namen zu nennen: Die verbliebenen Gaslieferanten auf der Welt nutzten die Situation aus, um ihre Preise zu erhöhen. Die Unternehmen in den jeweiligen Abnehmerländern – sie kaufen Gas ein, um es dann an die Haushalte oder die Wirtschaft zu liefern – zogen nach, sie erhöhten auch ihre Preise, um ihre Gewinne zu schützen. Sie sahen sich insofern dazu »gezwungen«, weil Gewinn schließlich der Unternehmenszweck ist. Andere Unternehmen – gerade aus dem Bereich Einzelhandel und Gaststätten – erhöhten ihre Preise ebenfalls, aber weit über das Maß ihrer gestiegenen Kosten hinaus. Sie nutzten die gestiegenen Preise, um ihre Gewinne nicht nur zu erhalten, sondern deutlich zu erhöhen. In den USA war Letzteres sehr viel stärker und flächendeckender der Fall als hierzulande, weswegen dort von »greedflation« die Rede war, also von »Gierflation«. Den Unternehmen und ihren Aktionären wurde vorgeworfen, sich auf Kosten der Gesellschaft übermäßig zu bereichern.

Aber wie kann man das messen? Ab wann liegt eine Erhöhung der Preise durch Unternehmen über den gestiegenen Kosten und gilt dann als Gier? Woher weiß man das?

Als ein Indikator wird die Entwicklung der Unternehmensgewinne genannt. Steigen sie stark, so vermutet man eher »Gier«, weswegen einige Länder 2022 Übergewinnsteuern einführten. Damit wurden die gestiegenen Profite abgeschöpft und umverteilt. Wobei anzumerken ist: Die Gier, von der hier die Rede ist, ist kein moralischer Defekt von Managern, sondern dem Kapitalismus systemimmanent. Denn alle privatwirtschaftlichen Unternehmen produzieren und verkaufen nur, um möglichst viel Gewinn zu machen. Es gibt kein »Genug«, keine Grenze – genauso wie bei der Gier, unter der man einen unstillbaren Drang nach »Mehr« versteht. Der katholischen Kirche gilt sie als eine der sieben Todsünden – in der kapitalistischen Kalkulation ist sie eher eine Tugend. Je höher die Gewinnsteigerung, umso besser steht das Management vor der Aktionärsversammlung da.

Das »besser dastehen« ist aber nicht der Hauptgrund für die Orientierung am Gewinn. Die Unternehmen befinden sich ja in einer Zwangslage. Sie brauchen möglichst hohe Gewinne, um ihre Investitionen zu finanzieren, beispielsweise in Maschinen, um produktiver zu werden. Das brauchen sie wiederum, um in der Konkurrenz mithalten zu können.

Das ist ganz richtig. Wesentlich für den Zwang, Gewinn zu machen, ist die Handlungsstruktur der Konkurrenz. Aber nochmal zurück zur Gier. Die Grenze zwischen »Gier« und »normalem« Gewinnstreben ist gerade vor diesem Hintergrund schwer zu ziehen.

Du hast vorhin erwähnt, dass die Inflation für Gewerkschaften ein wichtiges Maß ist für ihre Lohnverhandlungen. Vor diesem Hintergrund wird immer wieder gewarnt vor einer »Lohn-Preis-Spirale«: Wenn die Gewerkschaften aufgrund der Inflation höhere Löhne verlangen und sich durchsetzen, dann geben die Unternehmen die gestiegenen Kosten für die Arbeitskraft weiter an die Kunden, das heißt, sie machen die Produkte teurer, dann kämpfen die Gewerkschaften wieder für mehr Lohn, etc. pp.

Ich will nur sagen: Preise werden tendenziell erhöht, wenn Löhne erhöht werden, das ist normaler Bestandteil des Inflationsgeschehens, wenn auch nicht zwangsläufig, aber am Ende Ausdruck eines Machtkampfs zwischen Kapital und Arbeit. Der Preis ist nicht nur Ergebnis eines Machtkampfes zwischen Käufer und Verkäufer. Das gilt auch für den Preis der Arbeitskraft, den Lohn. Beeinflusst wird dieser Kampf durch die Machtverteilung auf dem Arbeitsmarkt: Gibt es viel Angebot, also viele Arbeitssuchende, und wenige offene Stellen, stärkt das die Macht der Unternehmen, sie können Löhne drücken. Und umgekehrt: Suchen die Unternehmen händeringend nach Arbeitskraft, stärkt das die Verhandlungsposition der Gewerkschaft. Sind sie erfolgreich, steigen die Löhne. Das verursacht den Unternehmen wieder höhere Kosten. Sie können dann versuchen, ihre Güterpreise zu erhöhen, um ihre Gewinne zu erhalten.

Diese Spirale ist allerdings kein »Automatismus«. Sie ist eher Ausdruck eines Kampfs darum, wer am Ende für die gestiegenen Preise aufkommt. Um die Spirale zu stoppen, erhöht die Zentralbank üblicherweise das Zinsniveau, das heißt, sie macht Kredite teurer. Das soll die Wirtschaftskonjunktur schwächen. Die Idee ist, dass dann Unternehmen nicht mehr so viel investieren, weil sie eine sinkende Nachfrage erwarten. Dann braucht es weniger Arbeitskräfte, dann steigt die Arbeitslosigkeit und die Unternehmen sind wieder in der mächtigeren Position gegenüber den Gewerkschaften – die »Lohn-Preis-Spirale« wird gebrochen.

Die erhöhten Zinsen gelten nicht nur für Unternehmenskredite, sondern auch für Privatkredite. Wenn ich mir ein Auto oder einen Fernseher auf Kredit kaufen will, dann wird das auch für mich als Privatmensch teurer, und weil es allen so geht, sinkt die Nachfrage. Damit kommen die Unternehmen aber auch in die Klemme: Einerseits steigen ihre Finanzierungskosten, andererseits geht die Nachfrage zurück. Bei starken Zinserhöhungen kann das zu Unternehmenspleiten führen. Die Zinserhöhungen der Zentralbank treffen doch beide Seiten, auch wenn häufig die Großunternehmen noch einigermaßen glimpflich davonkommen.

Worauf ich nur hinaus wollte: Diese Strategie der Zentralbank legt nahe, dass die Löhne schuld sind an der Inflation. Sie weist dem Lohn die Rolle des Verursachers zu, denn er steht am Anfang der Spirale. Dabei könnte man auch den Profit an den Anfang setzen, dann würde es sich um eine »Preis-Lohn-Spirale« handeln.

Das meint Isabella Weber, wenn sie von »Verkäuferinflation« spricht: Die Unternehmen erhöhen die Preise über die gestiegenen Kosten hinaus – da sind dann die Profite schuld an der Inflation.

Ja, das war allerdings umstritten. Das Profitinteresse wird eher selten für die Inflation verantwortlich gemacht, weil es als heilig gilt; der Lohn hingegen gilt als Gefahr für die »Preisstabilität« und damit als Gefahr für »uns alle«. In den Jahren 2022 und 2023 übrigens wurde angesichts einer hohen Inflationsrate laufend vor einer »Lohn-Preis-Spirale« gewarnt, obwohl die Löhne gar nicht so stark gestiegen waren. Doch mit der Warnung vor der Spirale wurden die Gewerkschaften ermahnt, sich mit Lohnforderungen zurückzuhalten. Sie sollten lieber akzeptieren, dass ihre Mitglieder dann eben weniger einkaufen können, wenn Waren teurer werden.

Linke und progressive Kräfte fordern nun Preiskontrollen, um die Inflation zu stoppen. Weber ist damit besonders populär geworden. Aber was genau sind Preiskontrollen bzw. welche Formen oder Möglichkeiten gibt es, Preise zu kontrollieren?

Es gibt verschiedene Formen von Preiskontrollen. Grob kann man unterscheiden zwischen staatlich festgelegten Preisen, wie wir das von der Buchpreisbindung in Deutschland kennen. Verlage legen diesen Preis fest, und alle Händler müssen ihn beim Verkauf an Endkunden einhalten – unabhängig davon, ob das Buch im Laden, online oder auf einer Messe verkauft wird. Ziel ist der Schutz des Kulturguts Buch, die Sicherung eines breiten Buchangebots und die Stärkung kleiner Buchhandlungen. Daneben gibt es die Festlegung von Höchst- und von Mindestpreisen. Das Erste ist beispielsweise beim Mietendeckel der Fall, der Preis für die Miete einer

Wohnung darf in diesem Fall nicht höher angesetzt werden als vorgeschrieben. Der Mindestlohn ist ein Beispiel für einen Mindestpreis, der Preis der Arbeitskraft darf darunter nicht sinken.

Isabella Weber hat aber nicht solche Kontrollen vor Augen, sondern Preiskontrollen bei Gütern wie Energie. Die sollen auch nur temporär eingesetzt werden und nicht dauerhaft, wie die Buchpreisbindung.

In dieser Debatte geht es um Preisobergrenzen bei zentralen Gütern wie Gas oder Strom, um Haushalte und Wirtschaft vor extremen Preissprüngen zu schützen. Ein Beispiel ist der Gaspreisdeckel: Ein Grundverbrauch, zum Beispiel 80 Prozent des Vorjahresverbrauchs eines Haushalts, wird zu einem gedeckelten Preis angeboten, während der Mehrverbrauch zum Marktpreis abgerechnet wird. Damit sollen Grundbedürfnisse gesichert werden und nebenbei noch zum Energiesparen motiviert werden. Das wurde in Deutschland nach der russischen Invasion der Ukraine auch umgesetzt, sie galt für das Jahr 2023. Weber war damals in der entsprechenden Gaspreiskommission, die das Konzept erarbeitet hat.

Solche Preiskontrollen sind laut Weber aber kein Alltagsinstrument, sie sind vielmehr Teil eines, wie sie es ausdrückt, »ökonomischen Katastrophenschutzes« und auch nur temporär gedacht. Sie sollen bei Angebotsschocks oder in Sektoren mit hoher Inflationsgefahr zum Einsatz kommen, um in Krisenzeiten soziale Verwerfungen zu vermeiden. Damit soll Zeit gewonnen werden, um die Engpässe zu beheben. Dazu gehören auch flankierende Maßnahmen wie staatliche Vorratshaltung, beispielsweise bei Gas oder Getreide. Wenn der Staat solche Vorräte vorhält, so die Idee, kann er bei Knappheit selbst Anbieter werden und Versorgungssicherheit gewährleisten. So betrachtet, wird in die freie Bildung von Preisen gar nicht so selten interveniert. Je nach dem, was man nun genau unter Preiskontrolle versteht. Sehr breit gefasst, könnte man auch den »Apfelsaft-Paragraf« im Gaststättengesetz anführen. Der schreibt vor, dass mindestens ein Getränk billiger sein muss als das billigste alkoholische Getränk.

Das war mir neu. Um den Alkoholkonsum der Gesellschaft zu regeln, oder was ist da der Grund?

Die Regelung soll verhindern, dass Menschen, insbesondere Jugendliche, alkoholische Getränke aufgrund eines günstigeren Preises bestellen, obwohl sie eigentlich ein alkoholfreies Getränk bevorzugen würden. Vielleicht fürchtet der Gesetzgeber, dass die Menschen andernfalls aus Geldmangel zu Alkoholikern werden.

Aber noch einmal zurück zu den Preiskontrollen: Das, was Isabella Weber vorschwebt, wird eher in Krisen- und Kriegszeiten gemacht. Da setzt der Staat Preisobergrenzen für Energie oder Lebensmittel, damit die Unternehmen die Notlage nicht zum allgemeinen Schaden ausnutzen und die Versorgung mit grundlegenden Gütern gefährden. Oder sie legen eben jene strategischen Reserven an, zum Beispiel für Erdöl. Kurz gesagt: Preiskontrollen sind der Versuch, die Gesellschaft vor dem Gewinnstreben der Unternehmen zu schützen und gleichzeitig dieses Gewinnstreben nicht allzu stark zu bremsen.

Das scheint ein allgemeines Argumentationsmuster zu sein: Gewinne nutzen der Gesellschaft, gute Löhne schaden ihr.

So die Ideologie. Bei all diesen Preiskontrollen ist übrigens nicht ausgemacht, wer am Ende den »Schaden« hat. Steigt beispielsweise der Weltmarktpreis für Gas, kann ein Staat eine national gültige Grenze festlegen. Höher darf der Preis für Gas in seinem Land dann nicht steigen. In diesem Fall muss der Gasimporteur das Gas im Inland gegebenenfalls für weniger verkaufen, als er es auf dem Weltmarkt eingekauft hat. Da muss er dann auf Gewinne verzichten, macht vielleicht sogar Verluste, wenn er das nicht an anderer Stelle kompensieren kann.

Bei der Gaspreisbremse in Deutschland in 2023 hat das aber anders funktioniert. Hier legte der Staat fest, wie viel Euro die Haushalte und Unternehmen für das Gas bezahlen müssen. Die Energieunternehmen mussten es aber zu einem höheren Preis auf dem Weltmarkt einkaufen. Die Differenz hat dann der Staat übernommen. Es war eine Subvention der Unternehmensgewinne, die die öffentliche Hand bezahlte.

Eine andere Variante war in einigen Ländern die Übergewinnsteuer: Hier wurde der Preis für Energie nicht festgelegt, er blieb frei. Hohe Gewinne der Energieunternehmen schöpfte der Staat aber per Übergewinnsteuer ab und entschädigte mit den Einnahmen die Konsumenten. Das ging also zulasten des Gewinns – allerdings nur des »übermäßigen« Gewinns.

Wieso betonen selbst die Befürworterinnen und Befürworter von Preiskontrollen, es sei ein vorsichtig einzusetzendes Instrument und sollte in aller Regel nur zeitlich begrenzt zur Anwendung kommen?

Private Unternehmen investieren Kapital nur mit dem Zweck, Gewinn zu machen. Das kapitalistische Wirtschaftsleben hängt also daran, dass sich diese Investitionen für Unternehmen rentieren, dass sich das Kapital verwertet. Ohne Verwertung keine Produktion, keine Wirtschaftsleistung, keine Jobs, keine Steuereinnahmen. Preiskontrollen können für diese Verwertung nun aber eine Schranke sein. Wenn das Unternehmen nicht den von ihm gewünschten Preis verlangen darf, fällt unter Umständen der Gewinn niedriger aus, die Kapitalrendite sinkt, die Investition lohnt sich nicht. Ein Problem sind Preiskontrollen nicht erst dann, wenn Unternehmen dadurch Verluste machen. Es reicht schon, dass das, was sie an Rendite auf eine Investition bekommen, nicht »wettbewerbsfähig« ist, zum Beispiel dann, wenn man Kapital in anderen Sektoren oder Branchen profitabler einsetzen kann. Das Kapital wird unter diesen Bedingungen dann eher ungern in Branchen gehen, in denen es Preiskontrollen gibt. Möglicherweise wird dann die Produktion zurückgefahren. Oder es entwickelt sich ein Schwarzmarkt für die Produkte, deren Preise festgelegt sind: Die Unternehmen verkaufen nicht mehr oder nur einen Teil ihrer Produktion auf dem offiziellen Markt zum offiziellen Preis. Der Rest wird schwarz verkauft, zu wesentlich höheren Preisen.

Aber warum soll jemand ein Produkt für einen höheren Preis kaufen, wenn es das aufgrund eines Preisdeckels auch billiger gibt?

Weil das preisregulierte Produkt gegebenenfalls vom Markt verschwindet. Die Unternehmen verkaufen es dort schlicht nicht mehr, weil der Schwarzmarkt für sie lukrativer ist. Viele Länder des globalen Südens kennen dieses Problem. Ich vermute deshalb, dass zu einer zeitlichen Begrenzung von Preiskontrollen geraten wird – den Unternehmen können geringere Renditen vorübergehend zugemutet werden, solange für sie die Aussicht darauf besteht, dass die Renditen langfristig wieder steigen. Nur dann wäre der Verzicht auf Gewinn aus Unternehmenssicht eine lohnende Sache.

Die Forderung nach Preiskontrollen hat regelrechte Shitstorms von Rechten und Liberalen ausgelöst.

Das ist nicht verwunderlich. Preiskontrollen, wie Weber sie vorschlägt, werden allenfalls in nationalen Krisenzeiten oder in Kriegen akzeptiert – also nur im absoluten Notfall. Wenn man für sehr viel mehr Güter die Preise in einer Marktwirtschaft festlegen bzw. eine Höchstgrenze dafür einführen wollte, sagen wir für Grundnahrungsmittel wie Brot, Milch, Butter etc., wäre das kaum umsetzbar. Meistens geht es dabei ja um Endverkaufspreise. Es gibt aber noch viele andere

Märkte, die dem vorgeschaltet sind. Die Einzelhändler kaufen von den Großhändlern, die Großhändler von den Herstellern, die Hersteller von denjenigen, die Vorprodukte herstellen, etc. Die Gesamtheit dieser Märkte bildet eine Art System kommunizierender Röhren. Wenn man jetzt an einer Stelle ein Ventil einbaut, dann staut sich das Wasser an vielen anderen Stellen und sorgt für Probleme. Will man diese Probleme beheben, dann müsste man noch viel mehr Ventile (Kontrollen) einbauen. Letzten Endes ginge das in Richtung einer doch recht umfassend geplanten Ökonomie voller festgelegter Preise.

Um das auch nur annähernd kontrollieren zu können, bräuchte es ganz andere Institutionen und am Ende hat das dann mit Marktwirtschaft tatsächlich nicht mehr viel zu tun.

Richtig, deshalb sollen Preiskontrollen eine Ausnahme bleiben, eine Art letztes Mittel – alles andere riecht für Liberale nach einer Einschränkung der unternehmerischen Freiheit und damit nach Sozialismus. Das ist auch gar nicht so falsch. Man erinnere sich: Als der realsozialistische Ostblock ab 1990 in Richtung Marktwirtschaft schwenkte, war dafür in allen Ländern die Freigabe der Preise der zentrale Hebel. Mit dieser Freigabe verzichtete der realsozialistische Staat auf seine Macht zur Preisfestsetzung, was für ihn vorher ein entscheidendes Mittel zur Verteilung und Lenkung der gesellschaftlichen Ressourcen gewesen war.

Was aber nicht als sonderlich effizient galt oder gilt.

Absolut nicht. So hat der realsozialistische Staat zum Beispiel die Einkaufspreise für knappe Rohstoffe oft sehr hoch angesetzt, gleichzeitig den Betrieben aber niedrige Verkaufspreise vorgeschrieben. Diesen Widerspruch sollten die volkseigenen Betriebe unter anderem dadurch auflösen, dass sie die Rohstoffe möglichst sparsam verwendeten. Und das ging zum Beispiel oft zulasten der Güterqualität. Man denke an die berühmten Schuhe mit den zu dünnen Schuhsohlen. Da ging die Effizienz auf Kosten der Effektivität – was allerdings auch im Kapitalismus oft der Fall ist. Und natürlich gab es auch dort dann einen blühenden Schwarzmarkt und Tauschhandel am sozialistischen Markt vorbei.

Hintergrund der liberalen Shitstorms gegen Preiskontrollen dürfte aber am Ende sein, dass die Freiheit der Preissetzung absolut zentral im Kapitalismus ist. Denn »freie«, also von Unternehmen nach eigenem Ermessen festgesetzte Preise sind für sie der Hebel zur Gewinnerzielung – der Preis ist Mittel für ihren Zweck, und das brauchen sie, wie ausgeführt, um am Markt in der Konkurrenz zu bleiben. Dieses Problem haben dann nicht mehr nur einzelne Unternehmen, sondern ganze von den Preiskontrollen betroffene Branchen.

Ohne die Aussicht auf Maximalprofit gibt es keine Motivation für unternehmerisches Handeln – so würden es die Liberalen ausdrücken, die gern mit Gefühlen wie Motivation, Investitionsneigung oder Risikobereitschaft argumentieren. Was sie sicher auch auf die Barrikaden treibt: Wird der Preis als Mittel des Profits geschwächt, sinken unter Umständen nicht nur Gewinne und Kapitalrendite, sondern sinkt auch der Wert des ganzen Unternehmens. Denn dieser Wert leitet sich einzig und allein von der Rendite ab, die das Unternehmen erzielt. Ein rentables Stahlwerk ist Milliarden wert, ein bankrottes Stahlwerk dagegen gar nichts, wenn und weil sich aus ihm kein Gewinn herausholen lässt. Preiskontrollen können die Rendite schädigen und sind damit ein Eingriff in das Allerheiligste des Kapitalismus, das Privateigentum an Produktionsmitteln. Aus all diesen Gründen drehen Liberale wahrscheinlich durch, wenn von Preiskontrollen die Rede ist.

Was denkst du selbst darüber als Ökonom, der der kapitalistischen Marktwirtschaft kritisch gegenübersteht:

Sind Preiskontrollen, wie Weber sie vorschlägt, eine gute Maßnahme bezogen auf das Ziel der Versorgungssicherheit?

Meine Kritik an der Marktwirtschaft heute wäre prinzipieller Natur: In ihr dient die gesellschaftliche Arbeit – und damit ein Großteil der Lebenszeit der meisten Menschen – der Profiterzielung: Von rentabler Arbeit kann dieses System nicht genug bekommen. Gleichzeitig sind die Einkommen der Menschen für kapitalistische Unternehmen ein Kostenfaktor, der im Verhältnis zur Arbeitsleistung minimiert werden soll. Die Lohnabhängigen sind also eingeklemmt zwischen dem betrieblichen Anspruch, als Arbeitskräfte billig zu sein und gleichzeitig als Konsumenten im Supermarkt die verlangten Preise zu bezahlen, um den Profit zu realisieren – das wird zuweilen »doppelte Ausbeutung« genannt. Da kommt natürlich die Versorgung der Menschen mit Gütern unter die Räder – sie erhalten nicht, was sie brauchen, sondern nur das, was sie sich leisten können. Und das ist zuweilen sehr wenig, eben weil der Lohn für Unternehmen ein Kostenfaktor ist.

Preiskontrollen widersprechen schnell der Logik eines Systems, das nicht auf Versorgung ausgerichtet ist, sondern auf Profit. Ohne Profit keine Investitionen und kein Wirtschaftswachstum. Die Kapitalrendite ist der Motor des Systems und der Preis ist dabei ein wichtiger Bestimmungsfaktor. Preiskontrollen haben daher – wie alle anderen Formen der Umverteilung wie Steuern oder Sozialabgaben – ihre systembedingte Schranke im Zwang zum Profit, der den Unternehmen das Überleben oder Gewinnen in der Konkurrenz sichern soll und der daher nicht nachhaltig beeinträchtigt werden darf. Den Gegensatz zwischen Versorgung der Menschen mit Gütern und Unternehmensgewinn heben Preiskontrollen nicht auf, sie moderieren ihn nur. Natürlich ist es gerade für ärmere Menschen besser, wenn die Dinge billiger werden oder zumindest nicht laufend teurer. Ihre bleibende Armut aber folgt notwendig aus der Tatsache, dass sie selbst billig sein müssen, um den Profit zu produzieren, von dem ihr Einkommen abhängt.

Isabella Weber kam in einer Analyse zu dem Ergebnis, dass im Gefolge der Gaspreisbremse die Zustimmungswerte zur AfD stagnierten. Würdest du vor dem Hintergrund der systemischen Grenzen, die du genannt hast, dennoch für Preiskontrollen plädieren?

Wie gesagt, ich finde es innerhalb der Grenzen des herrschenden Systems immer sympathisch, wenn von den Reicheren, also eher den Unternehmenseigentümern, umverteilt wird zu den Ärmeren, die meist lohnabhängig sind. Wenn das zusätzlich auch noch dazu führt, dass die Rechten geschwächt werden, umso besser. Aber auch wenn es die Rechten nicht schwächen würde, wäre das für mich kein Einwand gegen Preiskontrollen, sofern sie kontrollierbar wären. Das ist aber alles andere als einfach. Soziale Politik muss ja nicht unbedingt antifaschistisch sein. Ich sehe in der Parole »Antifa heißt Wohlfahrtsstaat« eher den Versuch von Linken, die Liberalen und Konservativen mit ins linke Boot zu holen – quasi mit dem Zusatzargument »Wir sind doch alle gegen rechts!«.

Wir leben im Kapitalismus und es gibt viele Menschen, die unzufrieden damit sind. Dennoch sieht es nicht so aus, als würden die Leute davon Abstand nehmen wollen. Was würde dir, bezogen auf die steigenden Preise, an politischen Instrumenten einfallen, wenn Preiskontrollen nur bei zentralen Gütern sinnvoll und auch dort nur vorübergehend einsetzbar sind?

Gehen wir mal davon aus, dass sich die »goldenen 30 Jahre« des Kapitalismus – also die 1950er-, 1960er- und 1970er-Jahre – nicht so bald wiederholen, dass es also nicht wieder zu einer längeren Phase kommt, in der das Wirtschaftswachstum sehr hoch ist, in dem Arbeitsproduktivität und Löhne dauerhaft stark steigen und höhere Masseneinkommen den Wohlstand in der Breite erhöhen. Dann bleiben im hiesigen System drei Instrumente, um den Gegensatz zwischen profitdienlichen Preisen und Geldmangel der Lohnabhängigen abzumildern: erstens Preisdeckel, zweitens Lohnerhöhungen, drittens staatliche Umverteilung von Reich zu Arm. Letzteres könnte entweder über höhere Kapital- oder Reichensteuern erfolgen oder indem man das Eigentum an Produktionsmitteln umverteilt und so die Lohnabhängigen beteiligt am Profit, den sie produzieren.

Mit einer Gewinnbeteiligung ist der Gegensatz zwischen dem Interesse an Profit und dem Interesse der Beschäftigten an mehr Lohn in ein und denselben Menschen verlegt, kurz: Der Gegensatz zwischen Kapital und Arbeit liegt dann in Personalunion im Beschäftigten. Auf Dauer ist das auch keine Lösung, irgendwann wird sich der Beschäftigte selbst den Lohn kürzen müssen, um mehr Beteiligung am Profit zu kriegen.

Natürlich, aber die Widersprüche und Erfolgsaussichten verschiedener reformorientierter Maßnahmen hast du ja an verschiedenen Beispielen in diesem Band diskutiert und gezeigt: Alle diese Instrumente haben ihre Schranke in den Notwendigkeiten der Kapitalakkumulation. Um diese Schranke aufzuheben, muss man den Produktionszweck ändern und ihn ausrichten auf die Deckung des Bedarfs und die Schaffung eines schönen Lebens für alle. Einen anderen Weg sehe ich nicht – aber den brauchen wir ja eigentlich auch nicht.

Investitionen: Quadratur des Kreises

Ein Gespräch mit Antonella Muzzupappa

ANTONELLA MUZZUPAPPA, Philosophin, organisiert bei der Rosa-Luxemburg-Stiftung die »Kapital«-Kurse und entwickelt Bildungsmaterial zu ökonomischen Themen.

SABINE NUSS: Antonella, das Schlagwort Investitionen steht seit einiger Zeit wieder hoch im Kurs. Dabei sind in aller Regel staatliche Investitionen gemeint. Linke Ökonominnen und Ökonomen fordern, der Staat solle wieder mehr investieren, um die Wirtschaft anzukurbeln. Was ist damit gemeint? Inwiefern kann der Staat das Wachstum fördern, indem er investiert?

ANTONELLA MUZZUPAPPA: Als Freundin sauberer Definitionen möchte ich erstmal die Frage klären, was überhaupt eine Investition ist. Und als Freundin des Werkes von Karl Marx kann ich es nicht lassen, mich an seiner Kritik der politischen Ökonomie zu orientieren, um die Frage zu beantworten.

Folgt man Marx, wird Geld investiert, um mehr Geld zu generieren. Das heißt, eine Investition ist das Vorschießen einer Summe Geldes, um diese Summe plus x zurückzubekommen. Das berühmte G-G'. So gesehen sind Investitionen praktisch das A und O im Kapitalismus, der einzige Weg zur Profitmaximierung. Aus einer linken Perspektive sind Investitionen also das Problem und nicht die Lösung, weil sie die Quintessenz einer Wirtschaft darstellen, deren Ziel das ewige Wachstum von Geldsummen ist.

Gut, aber eine staatliche Investition ist nicht das Gleiche. Da geht es beispielsweise darum, eine Infrastruktur zur Verfügung zu stellen, so etwas wie Schulen, Brücken und Straßen, oder Forschung und Entwicklung zu fördern oder die Gehälter der Angestellten im öffentlichen Dienst zu bezahlen etc.

Eine »staatliche Investition« ist nicht die gute Schwester der bösen kapitalistischen Investition. Sie ist weder gut noch böse. Denn im eigentlichen Sinne gibt es sie überhaupt nicht, die staatliche Investition, weil der Staat keinen Profit macht und machen will. Das vom Staat ausgegebene Geld fließt nicht zum Staat zurück und schon gar nicht vermehrt!

Nun gibt es aber auch Fälle, an denen der Staat durchaus an privaten Unternehmen beteiligt ist oder ihr Eigentümer ist, siehe VW, siehe Bahn. Welches Interesse verfolgt er da?

Es stimmt, der Staat hat eigene Unternehmen und ist auch an privaten Unternehmen beteiligt. Mit diesen Beteiligungen verfolgt er verschiedene politische Zwecke, aber keine finanziellen, sprich: Sinn der Beteiligungen ist es nicht, dem Staat Einnahmen zu bescheren oder gar einen Gewinn. Zumindest ist das in den reicheren kapitalistischen Industriestaaten nicht so. Im globalen Süden ist das anders. In Saudi-Arabien gehört der Ölkonzern Saudi Aramco dem Staat, der rund die Hälfte seiner Einnahmen aus dem Ölgeschäft zieht.

Du kritisierst die Begrifflichkeit, aber es gibt nicht wenige Leute, die Staatsausgaben durchaus als Investition bezeichnen.

Sie tun das wohl deshalb, weil durch das, was der Staat zur Verfügung stellt, Kapitalisten unter Umständen mehr Profite machen können – was wiederum zu mehr Wirtschaftsleistung und damit zu höheren Steuereinnahmen führen kann. Ein einfaches Beispiel: Auf einer vom Staat gebauten Brücke können viele Lkw viele Waren von A nach B transportieren, was wesentlich ist, um überhaupt Profite zu machen, das heißt, der Staat stellt die Bedingungen für die Mehrwertproduktion bereit.

Also gibt es diese Wirkung staatlicher Ausgaben auf Wachstum. Es gibt sogar Studien, die behaupten, jeder investierte Euro des Staates kann im Durchschnitt 1,30 bis 1,80 Euro zusätzliches Wachstum erzeugen, der sogenannte Multiplikatoreffekt …

… dessen Höhe allerdings sehr unsicher ist. Hier kommen Ökonominnen und Ökonomen zu sehr unterschiedlichen Ergebnissen. Das ist ja auch klar. Denn wie viel zusätzliche Wirtschaftsleistung aus einem Euro zusätzlicher Staatsausgaben resultiert, ist von vielen Variablen abhängig, vor allem von der wirtschaftlichen Lage. Ob und wann zum Beispiel der Bau einer Brücke sich »kapitalistisch« gelohnt hat, wie viel zusätzliches Wachstum sie in den Jahren angekurbelt hat, wie viele zusätzliche Arbeitsplätze oder private Investitionen eine Staatsausgabe nach sich zieht, das ist schwerlich exakt benennbar. Da muss die Wissenschaft mit vielen Annahmen arbeiten.

Aber selbst wenn das ginge, dass der Staat über diesen Umweg vermittelt »investiert«, wären staatliche Investitionen meines Erachtens nicht wünschenswert, weil sie damit lediglich die Bedingungen der Profitmaximierung verbessern wollen, die ich ja gerade als Problem identifiziert habe. Mir geht es um die Überwindung eines Wirtschaftssystems, in dem Profitmaximierung der Zweck der Befriedigung von Bedürfnissen ist. Und somit geht es mir um die Überwindung der Investition. Denn sie hat nur ein Ziel: mehr kapitalistisches Wachstum.

Aber wenn der Staat Steuergelder ausgibt für marode Brücken oder Schulen oder andere Infrastrukturen, dann profitieren nicht nur die Unternehmen davon, sondern wir alle, auch du und ich.

Natürlich, ich möchte mich nicht gegen gute Schulen oder stabile Brücken aussprechen! Aber der Appell an den Staat, er möge »die Wirtschaft ankurbeln«, das ist nicht mein Anliegen, denn das steht für hohe Profite, Wachstum von Geldsummen. Ich möchte eine gute Bildung und gute Möglichkeiten für die Mobilität der Menschen jenseits dieser Zwecksetzung. Ich bin für Staatsausgaben, um den Menschen – vor allem denjenigen, die es sich sonst nicht leisten können – wesentliche Güter zur Verfügung zu stellen. Ob es öffentliche Wohnungen sind, funktionierende Krankenhäuser oder vernünftige Renten: Das alles muss es meiner Meinung nach geben, ohne dass es profitabel ist. Eben als Ausgabe, nicht als Investition.

Dagegen argumentieren Liberale, dass der Staat sich zurücknehmen sollte mit solchen Ausgaben. Er solle das Geschäft Privaten überlassen, weil sie das effizienter bewerkstelligen könnten. Damit wurden jedenfalls die Privatisierungen der letzten Jahre legitimiert. Der Staat sei teuer, schlecht organisiert, anfällig für Korruption, ineffizient.

Bei diesem Diskurs steht selbstverständlich eine kapitalistische Effizienz im Mittelpunkt. Gemeint ist damit ein möglichst gutes Verhältnis zwischen investiertem und zurückfließendem Kapital, es geht letztlich um die Frage: Wie kann ich so hohe Profite wie möglich erzielen? Eine andere (Unternehmens-)Rechnung kennt unser System leider nicht. Solcher Effizienz ist es eigen, zugunsten der Rendite auf Kosten der Lebens- und Arbeitsqualität zu gehen. Das macht Menschen krank und zerstört die Natur. Und wir brauchen gar nicht nach China, Indien oder Bangladesch zu schauen, um Beispiele dafür zu finden. Menschen, die wegen der Arbeit oder am Arbeitsplatz krank werden, gibt es in Deutschland, USA usw. zur Genüge, und auch der Klimaschutz wird dem dominanten Zweck unserer Wirtschaft, dem Profit, untergeordnet.

Was die Privaten natürlich besser können – oder besser wissen –, ist, wo sie die höheren Profite erzielen können. Und dort investieren sie. Wenn die Autoindustrie hohe Profite verspricht, investieren zum Beispiel Finanzkapitalisten in diese Branche. Sie kaufen sich Aktien von VW oder Tesla und kriegen dann am Ende die Dividenden ausgezahlt. Das ist tatsächlich für sie ziemlich effizient. Als Aktionärin muss ich noch nicht mal etwas tun, um an die Dividende zu kommen. Es reicht, dass ich das nötige Geld besitze, um die Aktien zu kaufen. Der Rest kommt von allein, so zumindest scheint es den Aktionärinnen und Aktionären.

Du bist aber nicht gegen Effizienz überhaupt, oder?
Selbstverständlich nicht. Die Bewohnerin einer Altenpflegeeinrichtung hätte wahrscheinlich auch Interesse an einer effizienteren – vielleicht nennen wir es der Abgrenzung zuliebe »effektiveren« – Organisation des Hauses, damit mehr Zeit bleibt für eine gute Versorgung durch das dann entlastete Pflegepersonal. Ein Kapitalinvestor wäre dagegen nur an einer effizienteren Organisation des Hauses interessiert, sofern ihm das Kosten einspart, und den erzielten Zeitgewinn würde er dazu nutzen, Personal einzusparen, statt es der guten Versorgung der Heimbewohner zukommen zu lassen. Hier sieht man klar den Unterschied der beiden Auffassungen von Effizienz. Das eine Mal ist sie stofflich-technisch-organisatorisch, oder: auf die Sache selbst bezogen, das andere Mal ist sie ein reines Geldverhältnis von »wie viel investiere ich, wie viel kriege ich raus?«. Effizienz im letzteren Sinne dient nicht dem guten Leben aller. Für eine positive Bestimmung von Effizienz würde ich wieder die marxsche Kritik der politischen Ökonomie bemühen und sagen: Reichtum ist frei verfügbare Zeit, und zwar für alle und im Respekt gegenüber der Umwelt. Effizient in diesem Sinne wäre also alles, was uns Zeit zur Verfügung stellt, die wir nicht mit Arbeit verbringen müssen, sondern mit Aktivitäten, die wir sinnvoller oder angenehmer finden.

Solange die Verbesserungen in der Produktion und neue Technologien nur dann zum Zuge kommen, wenn sie höhere Profite bringen, gelangen wir nicht dahin. Ganz im Gegenteil: Wir zerstören die Natur, weil die Profitmaximierung sie nicht sonderlich im Blick hat, und es gibt Millionen von

Menschen auf der Erde, die trotz aller Entwicklungen gar keine freie Zeit haben, sondern fast nur Arbeitszeit.

Unter diesem Verlust an Lebensqualität, der aus der spezifisch kapitalistischen Effizienz folgt, darunter leiden allerdings nicht alle.

Nein, den Liberalen passt es gut, dass freie Zeit und schöne Dinge nicht für alle da sein sollen, sondern nur für die, die dafür bezahlen können. Daher soll der Staat aus ihrer Sicht nicht nur nicht investieren, sondern vor allem keine großen Ausgaben für Gesundheit, Rente, öffentliche Wohnungen usw. tätigen. Diejenigen, die sich so was leisten können, leben weiter und gut. Die anderen sollen gefälligst schauen, wie sie sich selbst helfen können. Wie sie zum Bespiel weiterkommen, wenn sie krank werden und keinen Termin bei Fachärztinnen oder Fachärzten bekommen, oder wie sie weiterarbeiten, auch wenn sie alt und müde sind, weil die Rente zu niedrig ist, oder in die Peripherien umziehen, wenn die Stadt zu teuer für sie geworden ist, weil die Mieten in die Höhe schießen.

Die Privaten können »es« besser bzw. effizienter, weil ihr Anspruch gar nicht ist, dass gewisse Mindeststandards an guten Wohnungen, gesundem Essen, funktionierenden Krankenhäusern usw. für alle gelten. Sie schauen auf ihre Profite und liefern gern teure Dienstleistungen für die, die es sich leisten können.

Dass das auch nicht immer so effizient ist wie versprochen, dafür kennen wir in der Bundesrepublik einige bedeutende Beispiele, bei denen Privatisierungen eher Ineffizienz – auf der organisatorisch-stofflichen Ebene – gebracht haben. In Wirklichkeit handelt es sich um derart große Verschlechterungen, dass wir gar nicht mehr sagen können, ob die Schäden zu reparieren sind. Ich denke selbstverständlich an die Deutsche Bahn und an die zum Teil privatisierten Krankenhäuser.

Aber die Liberalen fahren wahrscheinlich Auto und gehen in private Klinken, wenn sie krank werden. Sie merken deswegen gar nicht, wie dysfunktional solche Institutionen nach der Privatisierung geworden sind.

Kommen wir noch mal zurück zur Ausgangsfrage. Die Befürworterinnen und Befürworter von staatlichen Investitionen, die eine »antifaschistische Wirtschaftspolitik« verfolgen, die setzen auf eine gezielte, staatlich gesteuerte grüne Industriepolitik, jenseits des reinen Wirkens von Marktgesetzen. Da steht die Profitmaximierung nicht im Mittelpunkt. Eine grüne Industriepolitik soll explizit nicht nur den Unternehmen und der Wettbewerbsfähigkeit dienen, sondern auch den Interessen der vielen, die mit einbezogen werden sollen in staatliche Entscheidungen. Wirtschaftspolitik soll in dieser Lesart die neoliberale Ideologie hinter sich lassen, die Energiewende demokratisieren und in diesem Sinne solle der Staat wieder mehr gestalten.

Ich würde dagegenhalten und fragen: Ist das überhaupt möglich, Wettbewerbsfähigkeit und Interessen der vielen gleichzeitig zu erreichen? Meiner Ansicht nach besteht hier ein Widerspruch, den die Politik zu lösen verspricht. Wie bei der Frage »Ökologie oder Ökonomie?« gibt die Politik vor, beides versöhnen zu können. Versöhnen muss man aber nur, was im Streit miteinander steht.

Streits lassen sich schlichten ...

... aber kapitalistische Gegensätze lassen sich nicht auflösen. Wieder mit Marx würde ich an der Stelle betonen, dass in einem System, das auf dem Privateigentum an Produktionsmitteln der wenigen und auf dem Zwang zur Arbeit für die vielen basiert, es nicht allen gut gehen kann. Denn in diesem System herrscht das Prinzip der Konkurrenz: Alle Marktakteure versuchen, schneller, besser, billiger als die Konkurrenten zu sein. Das ist ein Kampf ums Überleben: Wer nicht konkurrenzfähig ist und teure Produkte auf den Markt bringt, wird untergehen, wenn die anderen es geschafft haben, die gleichen Produkte billiger herzustellen. Passiert das ein Mal zu viel, droht die Pleite. Konkurrenzfähig wird man vor allem durch technologische Entwicklungen und niedrige Ausgaben. Billige Arbeitskräfte sind dabei ein sehr wichtiger Faktor, weil der Lohn ja ein zentraler Kostenfaktor fürs Kapital ist. Das bedeutet, dass die wenigen Eigentümer der Produktionsmittel ein Interesse haben, dass die vielen Arbeitskräfte billig bleiben.

Dieses ganze Theater, das sich auf der Bühne des Weltmarkts abspielt, betrifft die Unternehmen direkt, betrifft aber auch die Staaten. Sie sind keine neutralen geografischen Orte und auch nicht bloß politische Entitäten, sondern ökonomische Standorte, die mehr oder weniger (kapitalistisch) erfolgreich sind und sich gegen andere Standorte im kapitalistischen Sinne behaupten müssen. Und jetzt sollen diese Standorte, die ein Interesse am kapitalistischen Erfolg ihres Landes haben, die Menschen und den Planeten im Blick behalten und durch grüne und demokratische Industriepolitik die Quadratur des Kreises doch erreichen. Und das dann alle gleichzeitig auf der Welt. Die »antifaschistische Wirtschaftspolitik« ist zwar gut gemeint, sie beruht aber auf einem Idealismus einer Konkurrenz ohne Verlierer und auf einem Idealismus des Staates als Harmoniestifter.

Was meinst du mit Harmoniestifter?

Der Staat wird verstanden als eine Art neutrale Instanz, die für die vielen da sein möchte und kann. Das verkennt aus meiner Sicht die Bedeutung und die Rolle des Staats im Kapitalismus. Der bürgerliche Staat ist doch nicht zufällig da. Er organisiert das Leben und die Institutionen so, dass es für den Kapitalismus passt. Dieser Staat ist nicht gegen die Profitmaximierung und seine Rolle ist es auch nicht, Wohlstand für alle zu organisieren. Wenn er als Korrektiv zum Kapital handelt, dann tut er das, weil das Kapital dermaßen kurzsichtig ist, dass es sich auch selbst manchmal im Wege stehen würde, wenn der Staat nicht korrigierend eingreifen würde. Das ist etwa der Fall, wenn Unternehmen aus Kostengründen keine oder wenige Arbeitsschutzmaßnahmen nutzen und die Beschäftigten ständig krank werden oder sogar sterben. Da interveniert der Staat mit Gesetzen für den Gesundheitsschutz und verbietet zum Beispiel die Nutzung von giftigen Stoffen oder während einer Coronapandemie das Arbeiten vieler Menschen auf wenigen Quadratmetern. Das tut die Politik aber nicht aus Menschenfreundlichkeit oder aus Sympathie für die vielen, sondern weil sie weiß, dass die Unternehmen die vielen als Ressource brauchen. Er bremst daher das Profitinteresse in seiner zerstörerischen Tendenz, um es dauerhaft und erfolgreich zu erhalten. Kurz: Der Staat schafft keinen Ausgleich – und schon gar keine Harmonie! – zwischen den gegensätzlichen Interessen. Sondern er berücksichtigt die Interessen der lohnabhängigen vielen genau nur so weit, wie das für das Wirtschaftswachstum nötig ist. Da die ganze Gesellschaft dabei vom Wohlergehen der Unternehmen abhängig ist – Stichwort »Arbeitsplätze« – kann die Politik ihr Bemühen um Wachstum darstellen als Dienst an allen, also auch an den vielen.

Aber die Politik kann sich theoretisch doch ihre eigenen Ziele setzen.

Solange die materielle Basis der Gesellschaft und des Staates vom »Wirtschaftswachstum« abhängt und damit vom Erfolg privater Investitionen, sehe ich hier keinen allzu großen Spielraum. Den gäbe es erst jenseits des Profitzwangs, also des Zwangs zur Investitionsrendite.

Nun erhofft sich eine »antifaschistische Wirtschaftspolitik« von Investitionen auch mehr Arbeitsplätze. Auch das soll gegen rechts helfen, weil damit Verlust- und Abstiegsangst entgegengewirkt und soziale Sicherheit geschaffen wird.

Dieser Hoffnung – Beschäftigung durch Investitionen – liegt meiner Meinung nach ein Missverständnis zugrunde über das gesamtgesellschaftliche Ziel, das in unserer Gesellschaft verfolgt wird. Vor allem darüber, was mit Wachstum gemeint ist oder erreicht werden soll. Arbeitsplätze sind weder das Ziel von Investitionen noch das von Wachstum, sondern das Mittel, um aus Geld mehr Geld zu machen. Nur so vermehrt sich Kapital, nicht dadurch, dass »Geld arbeitet«. Um einen Profit zu erzielen, braucht es Menschen, die mit den Maschinen und den Rohstoffen, die durch die Investition angeschafft wurden, arbeiten und etwas produzieren, was wertvoller ist als die Summe, die am Anfang vorgeschossen wurde. Und diese Menschen sind diejenigen, die lohnarbeiten müssen, weil sie sonst nicht ans Geld kämen, das sie für ihr Leben brauchen.

Inwieweit diese Menschen trotzdem im »Wohlstand« leben, ist von vielen Faktoren abhängig. Ein Wohlstand für alle ist aber definitiv nicht das Ziel unserer gegenwärtigen Gesellschaft. Vielmehr profitiert das System davon, dass es irgendwo immer sehr arme Menschen gibt, die bereit sind, viel Arbeit für wenig Geld zu leisten. Und die Sache wird meiner Meinung nach nicht besser, wenn die Investitionen jetzt »grün« werden und mit ihnen auch das Wachstum, weil das Ziel des Ganzen sich damit nicht ändert.

Du bist also gegen grüne Investitionen?

Wie bei den Brücken und Schulen geht es mir auch hier nicht darum, dass ich dagegen bin, wenn wir weniger CO_2 ausstoßen, indem wir zum Beispiel weniger fossile Energie verwenden. Gegen »grün« habe ich nichts, aber gegen die Investition schon. Sie wird immer dafür sorgen, dass an erster Stelle der Profit steht und nicht der Umweltschutz. Der deutsche Staat zum Beispiel solle die Autounternehmen bei der grünen Wende unterstützen, und zwar bald, heißt es, bevor China und USA mit ihrer Produktion von E-Autos dann nicht mehr erreicht bzw. überholt werden können. So funktioniert das kapitalistische Denken bzw. die Konkurrenz der Standorte, die uns jetzt dazu verdammt, noch mehr E-Autos zu bauen, obwohl die Märkte davon schon voll sind. Aber es sind eben nicht unsere deutschen E-Autos, die da herumstehen, sondern die unserer Konkurrenten. Und auch wenn diese sich im Moment schlecht verkaufen, heißt es, sollen wir in Europa loslegen und noch ein paar bauen. Würden wir in keinem bornierten, sondern in einem vernünftigen System leben, würden wir darüber diskutieren, ob das Auto wirklich die vernünftigste und sauberste Art und Weise ist, sich von A nach B zu bewegen, oder ob die Mobilität nicht grundlegend anders organisiert werden müsste und könnte. Das Modell »ein Mensch in einem Auto«, das wir jeden Tag auf unseren Stadtautobahnen bewundern können, muss ja nicht der Weisheit letzter Schluss sein.

Zusammengefasst: Eine wirklich ökologische Wende sehe ich nicht kommen, wenn Profitmaximierung in der Konkurrenz aller gegen alle weiterhin ausschlaggebend für die Organisation und Ausrichtung der Produktion ist. Eine grüne Industriepolitik, die nicht konkurrenzfähig ist, wird fallen gelassen werden.

Nun wird aber damit geworben, durch grüne Investitionen könne der Widerspruch zwischen Ökonomie und Ökologie versöhnt werden.

Der Widerspruch besteht nicht zwischen Ökologie und Ökonomie schlechthin. Er besteht zwischen Ökologie und Kapitalismus. Wie gesagt, wenn die Geldvermehrung leitend ist für die zentralen Entscheidungen unserer Gesellschaft, dann kann auch der Staat nicht garantieren, dass die Umwelt nicht zerstört wird – er kann nur versuchen, das Wachstum möglichst umweltfreundlich zu gestalten. Das tut er ja auch, zum Beispiel durch einen veränderten Ordnungsrahmen, etwa indem er den CO_2-Ausstoß reguliert, oder indem er Unternehmen in der grünen Transformation unterstützt, etwa durch Klimaschutzverträge. Damit fördert der Staat gezielt klimafreundliche Technologien und Produktionsverfahren in der Industrie, die sich – noch nicht – rechnen. Aber bei allen Bemühungen für einen grünen Kapitalismus – denn um nichts anderes geht es da – ist schon intuitiv zu begreifen: Unendliches Wachstum und Schonung von Ressourcen widersprechen sich grundsätzlich. Der Staat ist jedenfalls nicht die neutrale Instanz, die die Natur vor dem Kapital schützt, zumindest nicht im strikten ökologischen Sinne.

Aber auch der Staat hat ein Interesse, dass die Natur nicht ganz zerstört wird.

Natürlich. Aber sein Schutz der Natur reicht nur so weit, dass er dem Kapital keine Naturzerstörung erlaubt, die Profite am Ende unmöglich macht – analog zur Arbeitskraft und zum Bespiel mit dem Gesundheitsschutz. Das steckt hinter der schon oft formulierten Warnung, »langfristig schade der Klimawandel dem Wachstum und die Kosten des Klimawandels sind daher höher als die des Klimaschutzes«. Der Staat schützt nicht die Natur vor dem Kapital, sondern das Kapital vor den Kosten der Naturzerstörung, die es verursacht. Der Staat kümmert sich darum, dass sein Standort kapitalistisch gesehen attraktiv bleibt.

Das bedeutet unter anderem, dass internationales Kapital einen Vorteil darin sieht, in besagtem Standort zu investieren. Für den deutschen Staat ist es zum Beispiel wichtig, dass ausländische Investoren Aktien von Unternehmen kaufen, die in Deutschland statt in China oder Indien produzieren. Jetzt kann der Staat sagen, in Deutschland darf nur mit Windenergie produziert werden. Das wäre prinzipiell gut. Zumindest fürs Klima. Nun müsste aber der Staat auch dafür sorgen, dass das tatsächlich möglich wird, und die zusätzlichen Kosten, die für die Kapitalisten – zum Beispiel Autounternehmen – am Anfang anfallen, auch übernehmen. Tut er das nicht, werden deutsche Autounternehmen unmittelbar weniger profitabel sein als die anderen auf der Welt, die jede Sorte Energie nutzen dürfen – auch solche, die billiger und einfacher zu haben sind als Windenergie. Die deutschen Unternehmen wären nicht mehr konkurrenzfähig, der Standort würde darunter leiden. Und das würde dem Staat dann doch nicht gefallen. Zwischen Umwelt und einem konkurrenzfähigen Standort würde er sich für Letzteres entscheiden – was unter kapitalistischen Bedingungen folgerichtig ist.

Die EU-Kommission hat unter Ursula von der Leyen etwas in diese Richtung versucht: Mit dem Green Deal werden erhebliche Summe an öffentlichen Geldern zur Verfügung gestellt, um die grüne Wende in Europa einzuleiten.

Richtig. Der Staat – in diesem Fall die Europäische Union – stellt Geld zur Verfügung, damit die Kapitalisten bereit sind, sich grüner zu verhalten. Abgesehen davon, dass wir von diesem Programm gerade nicht mehr so viel hören, sondern viel mehr vom Wachstum durch militärische Aufrüstung, ist auch dieser Plan kein Gegenstück zum kapitalistischen System. Auch im Green Deal steht das kapitalistische Wachstum im Zentrum der Angelegenheit, und die grüne Wende ist konzipiert als internationales Konkurrenzprojekt zu den anderen Akteuren, die sich auf dem Weltmarkt bekämpfen. Von der Leyen verkauft den Green New Deal als »unsere Wachstumsstrategie« und um hier erfolgreich zu sein, müsse man schneller sein als die anderen. Denn, Zitat von der Leyen: »diejenigen, die die Technologien entwickeln und herstellen, die das Fundament der Wirtschaft von morgen bilden, werden den größten Wettbewerbsvorteil haben«.

Es bleibt also bei dem grundlegenden Widerspruch: Das gesamtgesellschaftliche Ziel, das verfolgt wird, ist das Wachstum von Geld, und dieses Ziel soll jetzt so erreicht werden, dass es für die Natur nicht schädlicher ist als unbedingt nötig.

Ein beschränkter Umweltschutz.

Es ist die Quadratur des Kreises. »Profitabler Klimaschutz« ist bisher kaum gelungen, das erkennt man an den steigenden oder zu langsam fallenden CO_2-Emissionen. Denn die meisten sogenannten grünen Investitionen sind, kapitalistisch gesehen, nicht oder noch nicht so profitabel. Und wer den Kürzeren zieht, wenn die grüne Investition keinen Mehrwert generiert, ist klar: Dann muss die Natur leiden, damit wir konkurrenzfähig bleiben.

Hat die EU im Frühjahr 2025 auf Drängen der Autoindustrie deshalb beschlossen, die neuen strengeren CO_2-Flottengrenzwerte für Neuwagen nicht sofort durchzusetzen, sondern den Herstellern mehr Zeit zu geben?

Ja. Im Zweifel für den Profit. Ob das für immer so sein wird, kann ich nicht sagen. Vielleicht werden sogenannte grüne Technologien dereinst flächendeckend so profitabel werden, dass sie dann auch die schädlichen ersetzen. Ob und wann das aber der Fall sein wird und ob es reichen wird, um den Planeten zu retten, das weiß ich nicht. Aber dieses Risiko gehen wir de facto jetzt ein und hoffen, dass es vielleicht klappt. Wenn nicht, Pech gehabt und Erde zerstört.

Dieser Widerspruch ist aber kein Muss. Er könnte gelöst werden, wenn das gesamtgesellschaftliche Ziel sich ändern würde. Wenn nicht Geldvermehrung ganz oben auf der Agenda stünde, sondern die Rettung des Klimas, wenn alle Anstrengungen in diese Richtung gehen würden, wenn jede Maßnahme daran gemessen würde – dann hätten wir viel bessere Aussichten, das Ziel zu erreichen. Dann würden wir nämlich nicht deutsche E-Autos neben die chinesischen stellen und die Überproduktion verschärfen, sondern überlegen, welche Mobilitätskonzepte am besten zu unseren Bedürfnissen und zu denen der Natur passen. Dann würden wir vielleicht zur Schlussfolgerung kommen, dass eine gewisse Anzahl an Autos oder ein bestimmtes Ausmaß von Individualverkehr weiterhin notwendig ist, und würden ansonsten auf der Autobahn entweder Busse mit jeweils 50 Fahrgästen oder zumindest volle Autos mit je fünf Personen statt einer zu Gesicht bekommen.

Oder wir hätten uns so organisiert, dass Arbeit und Wohnung nur selten so weit auseinanderliegen, dass ein Auto für den Weg zur Arbeit gebraucht wird. Oder wir hätten einen gut ausgebauten öffentlichen Nahverkehr, der uns alle schneller und bequemer als das Auto zur Arbeit bringt, oder, oder, oder. Was ich damit meine, ist: Wenn dieser Profit uns nicht mehr dazu zwingt, so klein und eingeschränkt zu denken und zu handeln wie bisher, werden wir bestimmt zu großartigen, vernünftigen Ideen kommen, die wir freier umsetzen können. Wenn wir nicht mehr in der Konkurrenz gegeneinander kämpfen müssen, sondern uns kooperativ miteinander Gedanken machen können, wie wir die Dinge organisieren, dann muss die Ökonomie nicht mehr zwingend im Widerspruch zur Ökologie stehen.

Die Idee eines ökologischen Umbaus wird von progressiven Kräften auch sozial gedacht. Ein sozialökologischer Umbau, angeregt und geleitet vom Staat, oder eine Nummer kleiner: von Kommunen und Städten könnte dazu führen, dass bei der anstehenden Wende zu einer klimafreundlichen Wirtschaft alle Menschen mitgenommen werden. Ist das nicht eine Hoffnung?

Beim sozialökologischen Umbau, der den Akzent auf das Soziale legt, verhält es sich ähnlich wie beim Widerspruch zwischen Ökonomie und Ökologie, über den wir schon gesprochen haben. So wie es keinen Widerspruch zwischen Ökonomie im Allgemeinen und Ökologie gibt, sondern nur einen zwischen Kapitalismus und Ökologie, so ist der notwendige Schutz des Planeten jetzt (möglicherweise) unsozial nur deswegen, weil wir im Kapitalismus leben. Die Ökologie ist unter diesen Umständen eine Frage des Preises und deswegen der Zahlungsfähigkeit. Das ist das Spiegelbild zum Autounternehmen, das nur mit Windenergie arbeiten soll. Das schafft es in der Konkurrenz nur dann, wenn der Staat zumindest zeitweise die zusätzlichen Kosten übernimmt – und garantiert ist das nicht.

Auf der Ebene von Beschäftigten und ihrem Konsum verhält sich die Sache ähnlich. Fangen wir mit den Beschäftigten an: Verbrennerautos sind schädlich für die Umwelt und sollen deswegen nicht mehr produziert werden. Stattdessen sollen jetzt E-Autos produziert werden. Die Produktionsprozesse der zwei Sorten Autos sind sehr unterschiedlich und die Kompetenzen, die dafür gebraucht werden, auch. Deswegen riskieren die Beschäftigten der Verbrennerautoindustrie, dass sie jetzt ihre Arbeitsplätze verlieren, wenn E-Autos produziert werden sollen. Dass sie an das Märchen einer Transition nicht glauben, in dem sie alle einen neuen Arbeitsplatz im Dienstleistungssektor bekommen, ist angesichts der Erfahrungen aus der Geschichte nachvollziehbar. Ich denke dabei zum Beispiel an die 1980er-Jahre, als viele Hersteller ihre arbeitsintensive Produktion in Länder verlagerten, in denen die Arbeitskraft viel billiger war, und in einigen Teilen der westlichen Welt viele Beschäftigte für immer ihren Job und alles, was in unserer Gesellschaft damit zusammenhängt, verloren. Diese Problematik wird oft so verhandelt, als würden sich die Beschäftigten der Autoindustrie für Umweltprobleme nicht interessieren. Ihnen sei es viel wichtiger, ihren Arbeitsplatz zu behalten – auch dann, wenn ihre Jobs die Umwelt zerstören. Damit sie sich jetzt nicht komplett gegen ökologische Maßnahmen stellen, soll der Staat den notwendigen Umbau der Wirtschaft eben sozial gestalten und den Beschäftigten entsprechende Garantien geben.

Was ist dagegen einzuwenden?

Na ja, wie krank ist das denn? Wir bauen uns ein System auf, in dem die Menschen nur überleben können, wenn sie für ein umweltschädliches Unternehmen lohnarbeiten, und dann werfen wir ihnen vor, dass sie nicht leichthin sagen, »ich bin gegen Verbrenner egal, ob mich das den Job kostet«. Der Kapitalismus verursacht einen Widerspruch zwischen Ökologie und Sozialem und wälzt das dann auf die Individuen ab, von denen ich überzeugt bin, dass es sie sehr wohl interessiert, ob der Planet, auf dem ihre Kinder und Enkel leben, sich noch hält oder nicht. Wenn wir in einem System leben würden, in dem alle sich sicher sein könnten, dass sie versorgt sind bzw. dass sie gemeinsam mit anderen an der Versorgung aller arbeiten und nicht im ständigen Kampf gegeneinander leben, dann würden die Menschen frei überlegen können, wohin Arbeitskapazitäten gehen sollten und wohin nicht.

Und das Gleiche gilt, wenn wir die Beschäftigten als Konsumentinnen und Konsumenten betrachten, wenn es um Fleisch oder die Gasheizung geht. Auch hier ist es eine Frage des Preises und der Zahlungsfähigkeit, wie klimaschädlich die Leute leben. Ich will nicht bestreiten, dass es auch kulturelle Aspekte gibt und viele Menschen, die mit den Kipppunkten etc. nicht so vertraut sind. Ich meine aber: Wenn es keine Frage des Geldes wäre, dann wäre es einfacher, über Wärmepumpe oder Bio-Fleisch zu diskutieren. Und na klar, der Staat kann jetzt in diese Bresche springen und sagen: Ich übernehme alle Kosten, damit die Umwelt weniger belastet wird und die Menschen aber gleichzeitig gutes Essen und warme Wohnungen haben. Das wäre wünschenswert und ich wäre dafür. Aber das wird niemals in einem Ausmaß passieren, das die Umwelt rettet und den Menschen ein würdiges Leben ermöglicht. In vielen Ländern, die nicht so reich wie die Bundesrepublik oder andere westliche Länder sind, wird es gar nicht passieren. Und innerhalb eines Landes kann nur bis zu dem Punkt umverteilt werden, an dem die Umverteilung beginnt, dem Wachstum im Wege zu stehen. Auch der Widerspruch zwischen Ökologie und Sozialem kann nicht gelöst werden, wenn die Rendite oder der Mehrwert weiterhin der Motor der Gesellschaft bleibt.

Im Grunde ist es so, wie Marx im ersten Band des »Kapital« schrieb: »Die kapitalistische Produktion entwickelt [...] nur die Technik und Kombination des gesellschaftlichen Produktionsprozesses, indem sie zugleich die Springquellen alles Reichtums untergräbt: die Erde und den Arbeiter.« Wollen wir den Planeten und die Menschen retten, müssen wir uns vom Prinzip der Geldvermehrung um der Vermehrung willen trennen und Ziele verfolgen, die uns weiter bringen, als der Profit einiger weniger jemals könnte.

Okay, aber das, was du beschreibst, ist die Utopie. Aber wir steuern gerade auf die Dystopie zu. Wie kommen wir denn weg von Letzterem? Wäre es nicht sinnvoll, wenn Bund, Länder und Kommunen massiv öffentliche oder kommunale Unternehmen gründen und fördern, die die Energiewende umsetzen? Und wenn in der kommunalen Selbstverwaltung darüber hinaus Bürgerinnen und Bürger demokratisch an den Entscheidungen über beispielsweise lokale Stromerzeuger beteiligt wären, die in der Rechtsform der Genossenschaft nicht profitorientiert agieren würden. Oder noch weitergedacht: wenn Zusammenschlüsse von Bürgerinnen und Bürgern, die ganz ohne kommunale oder staatliche Anbindung selbstverwaltet agieren, finanziell mehr gefördert würden, etc. Kurzum: Was wäre eine mögliche Übergangsstrategie und läge die deines Erachtens jenseits jeglicher staatlichen und parlamentarischen Politik?

Tja, die berühmte Frage, die am Ende jedes Vortrags kommt: Wie kommen wir zu einer neuen Gesellschaft, die nicht so borniert ist? Welche Schritte müssen wir gehen?

Ich würde jetzt lügen, wenn ich behaupten würde, dass ich einen fertigen Plan samt aller Zwischenschritte in der Tasche hätte. Einen solchen Plan hat niemand. Und er ist wahrscheinlich auch nicht notwendig. Die Überwindung dieser Gesellschaft als ein weltweiter politischer Akt wird nur das Werk von vielen Menschen gemeinsam sein können und nicht die Umsetzung einer Idee, die in irgendeinem Buch aufgeschrieben ist.

Und trotzdem möchte ich zumindest die eine oder andere Anmerkung zu deinen Fragen machen, ob kommunale Stadtwerke oder Selbstverwaltung im Bereich Wohnen oder die genossenschaftliche Erzeugung von Bio-Produkten Wege oder Schritte in Richtung Utopie sein können. Zunächst einmal: Das alles gibt es schon. Und es handelt sich meines Dafürhaltens auch tatsächlich um positive Beispiele, die zeigen, dass ein Leben jenseits der Profitlogik möglich ist und dass dieses Leben auch ein glückliches sein kann. Vor allem im Bereich des Wohnens bieten Genossenschaften oder Selbstverwaltung eine viel bessere Sicherheit für dieses so grundlegende Bedürfnis der Menschen als jede Miet- und wahrscheinlich auch jede Eigentumswohnung. Ob das aber die Schritte sind, die uns zur Utopie bringen werden, möchte ich bezweifeln.

Warum?

Erstens ist es nicht immer einfach für nicht profitorientierte Einrichtungen, sich in der kapitalistischen Konkurrenz zu halten. Gerade bei Genossenschaften oder selbstverwalteten Betrieben kann es passieren, dass sie vor der Wahl stehen, entweder in der Konkurrenz zu unterliegen oder die eigenen Arbeitsbedingungen selbstbestimmt zu verschlechtern. Auch sie müssen sich gelegentlich und immer wieder auf dem Markt behaupten. Ein Leben komplett außerhalb der Regeln des Kapitalismus ist meines Erachtens nur auf ganz kleiner Skala möglich.

Zweitens: Eine Gesellschaft besteht nicht aus der Summe ihrer Einzelteile. Eine grundlegend neue Gesellschaft, die auf neuen Prinzipien basiert und andere Ziele verfolgt als die jetzige, wird nicht die Summe von vielen Selbstverwaltungen oder Genossenschaften sein. Sie wird etwas qualitativ Anderes sein, das sich nicht durch eine steigende Quantität solcher Non-Profit-Betriebe und Ähnlichem erreichen lässt.

Dennoch: Wichtig an solchen Erfahrungen ist, dass die Menschen sie überhaupt machen und dabei eine Menge lernen über Organisierung, zum Beispiel von Produktion, und auch über menschliche Beziehungen, was ganz anders ist als alles, was wir aus den normalen Strukturen unserer Gesellschaft kennen. Und das ist wahrscheinlich das Wichtigste, was wir auch in politischen Kämpfen finden: eine qualitativ andere Art miteinander, mit den Ressourcen und mit Herausforderungen umzugehen, als die, die der Kapitalismus uns aufzwingt.

In diesem Sinne sind politischen Kämpfe für einen Mietendeckel oder höhere Löhne oder kommunale Stadtwerke und Genossenschaften wie kleine Labore, in denen die Menschen anders miteinander umgehen lernen. Sie liefern konkrete Erfahrungen eines anderen Lebens, das nicht auf Profit und Konkurrenz basiert. Dieses Leben ist aber meines Erachtens nicht durch eine immer größere Anzahl an Genossenschaften oder immer höhere Löhne zu erreichen.

Möglichkeiten und Grenzen »antifaschistischer Wirtschaftspolitik«

»Antifaschistische Wirtschaftspolitik« will die Kluft zwischen Arm und Reich verringern (etwa durch Vermögenssteuer oder Mietendeckel), Menschen in Krisenzeiten schützen (durch Preiskontrollen) und beim grünen Umbau mitnehmen. Isabella Weber bringt die Zielsetzung auf den Punkt, wenn sie sagt: »Es geht darum, wie wir Wirtschaftspolitik so gestalten, dass die Menschen sich wieder in ihrem Land zu Hause fühlen, und zwar ohne dass sie mit dem Finger auf Migranten zeigen und einer Partei mit menschenverachtenden Auffassungen in die Arme getrieben werden.«[1] Wirtschaftspolitik so verstanden ist das Instrument eines »gestalterischen« Staats, der »uns im Neoliberalismus abgewöhnt wurde«.[2]

In den hier dokumentierten Gesprächen mit Ingo Stützle, Andrej Holm, Stephan Kaufmann und Antonella Muzzupappa ist allerdings deutlich geworden, dass »die Wirtschaft« kein Terrain ist, auf dem die divergierenden Interessen grundsätzlich miteinander »versöhnt« werden könnten und das vom Staat zu diesem Zweck »gestaltet« werden könnte. Auch ein noch so sozial »gestaltender« bürgerlicher Staat stößt an die strukturellen Grenzen einer Klassengesellschaft, die sich unter dem Zwang von Konkurrenz reproduziert, deren Produktionszweck in der Vermehrung des Kapitals liegt, die geprägt ist von der jeweiligen ökonomischen Situation, von den Kräfteverhältnissen zwischen den Klassen (und innerhalb der Klassen zwischen den verschiedenen Klassenfraktionen), von herrschenden Ideologien (mehr oder weniger Staat ist gut,

1 Isabella Weber: »Angst ist ein wichtiger Faktor. Ökonomin Weber zu Wirtschaft unter Trump«, Interview, in: die tageszeitung, 11.11.2024, unter: https://taz.de/Oekonomin-Weber-zu-Wirtschaft-unter-Trump/!6047444.

2 Ebd.

mehr oder weniger Markt ist gut etc.) sowie von den politischen Kräfteverhältnissen (in denen konservative oder liberale politische Kräfte dominieren).

Die diskutierten Reformvorschläge »antifaschistischer Wirtschaftspolitik« sind Interventionen in dieses Feld widerstreitender Interessen, insbesondere mit Blick auf den unaufhörlichen Kampf zwischen der Klasse der Lohnabhängigen und der des Kapitals. Der bürgerliche Staat moderiert diesen Gegensatz zugunsten des übergeordneten Ziels »Wirtschaftswachstum«, er hebt ihn nicht auf. Das ist der Rahmen, in dem »antifaschistische Wirtschaftspolitik« bestimmte Möglichkeiten hat. Sie interveniert in den Klassenkampf, der sich auf ganz unterschiedlichen Feldern zeigt, verschiedene Gesichter und Verlaufsformen annehmen und von verschiedenen Gruppen getragen oder vorangetrieben werden kann, jeweils zugunsten der unteren Klassen.

Vor diesem Hintergrund kann etwa der Streit um die Abgabe von Steuern betrachtet werden. Die drei den jeweiligen Großklassen zugeschriebenen Einkommensarten (Lohn, Profit, Grundrente) sind, wie Ingo Stützle im Gespräch deutlich gemacht hat, Ergebnis der Arbeit der Eigentumslosen. Der Klassencharakter der modernen Gesellschaften ist insofern in das Steuersystem eingeschrieben. Je mehr Steuern auf Vermögen (Profit, Grundrente) erhoben und für die Verbesserung der Lebensqualität der Menschen verwendet werden, desto mehr kehrt vom Mehrwert, den die Lohnabhängigen erwirtschaftet haben, wieder zu ihnen zurück.

Dabei ist jedoch immer mitzudenken, welche Gruppe wie von Reformvorschlägen adressiert wird. Wenn beispielsweise davon die Rede ist, dass die Steuern für die unteren Einkommensklassen gesenkt werden sollen (was zunächst ganz positiv erscheint), geraten jene aus dem Blick, die gar keine Steuern bezahlen, weil sie zu wenig verdienen. Will man die untersten Einkommensbezieher wie Geringverdiener adressieren, helfen Maßnahmen wie ein hoher Mindestlohn, Tarifbindung, Absenkung der Mehrwertsteuer oder der Ausbau öffentlicher Dienstleistungen mit gratis Zugang, ähnlich dem System der öffentlichen Bibliotheken.

Neben den diskutierten Instrumenten wie Vermögenssteuer, Mietendeckel und Preiskontrollen würde eine umfassende Stärkung der sozialen Infrastruktur einer weiteren Gruppe zugutekommen, die als zentraler Teil der lohnabhängigen Klasse oft aus dem Blick gerät: Menschen, die unbezahlte Care-Arbeit leisten (nach wie vor meist Frauen, wenn sie es sich nicht leisten können, das auszulagern). Sie befinden sich in einer doppelten Abhängigkeit: erstens vom Lohn überhaupt, zweitens – sofern sie selbst nichts verdienen oder nicht ausreichend – vom Lohn eines anderen. Oder aber vom Staat. Diese Mehrfachabhängigkeit schwächt ihre Position. Von gewerkschaftlichen Kämpfen für Lohnerhöhung haben sie beispielsweise nur dann etwas, wenn die Person davon profitiert, von der sie abhängig ist – und das auch nicht zwangsläufig. Mit spezifischen Formen öffentlicher Daseinsvorsorge (Beispiel Kita-Ausbau), der Ausweitung staatlicher Transferzahlungen oder Regulierung (Elternzeitmodelle etc.) wäre die Lohnabhängigkeit zwar nicht überwunden, aber die Lebenssituation und -qualität könnten sich verbessern.

Auch bei Preiskontrollen geht es um Klassenkampf. Gegenstand der Auseinandersetzung ist die Frage, wer wie viel Zugriff hat auf den gesamtgesellschaftlich von den Eigentumslosen produzierten Reichtum, wie Stephan Kaufmann im Gespräch ausgeführt hat. Wenn Energieunternehmen Preise erhöhen, verringern sie – bei gleichbleibenden sonstigen Umständen – das, was die Menschen für ihre Lebenshaltung zur Verfügung haben. Im gleichen Atemzug erhöhen sie ihre eigenen Einnahmen. Wenn der Staat in der Krise Energiepreise deckelt, erhält er die Kaufkraft der Menschen und damit den bisherigen Zugriff auf den von allen produzierten Reichtum mittels Lohn, während er die Renditemöglichkeiten der Unternehmen in gewissem Rahmen einschränkt. Bei Mieten sieht es ähnlich aus. Wenn Immobilienkonzerne Mieten hochsetzen, erhöht das ihr Vermögen, schmälert aber das Einkommen der Mieterinnen und Mieter. Ein Mietendeckel kann diese Umverteilung stoppen.

Wenn der Staat »grüne Investitionen«, beispielsweise die Förderung der Dekarbonisierung von CO_2-emitierenden Unternehmen, mit der Auflage verbindet, Arbeitsplätze zu erhalten (bei gleichbleibenden Löhnen), dann kann auch das die mögliche Rendite des Unternehmens schmälern, die Dividenden verringern, während es die Kaufkraft der Beschäftigten erhält.

Kurzum: Im Rahmen dieses Dauerkonflikts zwischen den Klassen kann »antifaschistische Wirtschaftspolitik« dem Kapital Geländegewinne abtrotzen zugunsten der lohnabhängigen Klasse oder zumindest Teilen von ihnen. Damit ist ihr Handlungsspielraum abgesteckt und zugleich ihre Grenze benannt: Sie kann die Fronten in den Auseinandersetzungen zwischen den Klassen verschieben, sie kann diese Fronten aber nicht aufheben. Die grundsätzliche Grenze »antifaschistischer Wirtschaftspolitik« liegt in der Notwendigkeit des Kapitals zur Akkumulation, dem Zwang, sich zu vermehren, um des Vermehrens willen. Dazu braucht es ausreichend Mehrwert. Und dieser entsteht durch Ausbeutung. Ausbeutung und Akkumulation sind systemnotwendig. Der Zwang zur Vermehrung von Kapital entspringt nicht der Gier von Kapitalisten, sondern der Konkurrenz zwischen den Unternehmen. Wie Antonella Muzzupappa dargelegt hat, zwingt sie die Kapitalisten dazu, immer wieder von Neuem Kapital zu investieren. Konkurrenz ist die zentrale Triebfeder für den Wachstumszwang.[3]

3 Natürlich gibt es Unternehmen, die sich diesem Druck zu entziehen versuchen, die selbst durchaus kritisch sind gegenüber der Logik der maximalen

Konkurrenz wird in der herrschenden ökonomischen Lehre als positive Anreizstruktur gelobt. »Konkurrenz belebt das Geschäft« ist beredter Ausdruck dieser Überzeugung. Tatsächlich hat der Zwang zur Erhöhung des Mehrwerts ein enormes Potenzial, wenn es um Produktivitätssteigerung und die Produktion von neuen Waren geht, für die die Bedürfnisse erst noch künstlich erzeugt werden müssen. Die Kehrseite von Effizienz und Innovation ist die Zerstörung von Mensch und Natur.

Nicht nur innerhalb eines Landes konkurrieren Unternehmen gegeneinander, das geschieht auch zwischen Ländern und innerhalb geopolitischer Machtblöcke. Staaten haben Interesse am Erfolg der »eigenen«, der nationalen Unternehmen, sie wollen, dass »ihre« Unternehmen sich auf dem Weltmarkt gegen andere durchsetzen. Je schärfer der Wettbewerb auf dem Weltmarkt, desto wichtiger ist es aus Sicht des Staates, den eigenen Standort »attraktiv« fürs Kapital zu machen, das heißt, die Kosten für das Kapital möglichst gering zu halten. Das aber bedeutet: tendenziell geringerer Lohn, niedrigere Umweltauflagen – und auch eine entsprechende Steuergesetzgebung. Eine Vermögenssteuer müsste gegen massive Interessen durchgesetzt werden. Ob das gelingt, ist eine Frage der Kräfteverhältnisse und der wirtschaftlichen Stärke eines Staates. Wie nachhaltig solche Errungenschaften sein können, hängt nicht zuletzt von der Krisenhaftigkeit der kapitalistischen Ökonomie ab.

Wir haben insbesondere in den Gesprächen über Inflation und Investitionen gesehen, wie unterschiedlich Krisen aussehen können. Wenn Unternehmen unter dem Zwang, ihr Kapital zu vermehren, die Preise erhöhen – sei es nun aus Gier oder aufgrund der Inflation bei ihren eigenen Vor-

---

Steigerung von Renditen. Sie wollen langfristig, nicht kurzfristig agieren und eher bestands- denn gewinnorientiert. Aber der Handlungsstruktur der Konkurrenz können auch sie sich nicht vollständig entziehen.

produkten oder Betriebskosten –, betrifft das zunächst Menschen, für die immer alles teurer wird und die sich das nicht leisten können. Ihr Konsum geht zurück, was sich auf andere Unternehmen auswirken kann, wenn sie Absatzmöglichkeiten verlieren. Solche Absatzeinbrüche sind aber noch keine Krise der Verwertung des Kapitals. Das werden sie erst, wenn die Unternehmen in einem Ausmaß auf ihren Waren sitzenbleiben, dass weder Zinsen, Dividenden und Löhne bezahlt noch Kredite und andere Verpflichtungen bedient werden können. Das kann einen Dominoeffekt auslösen, andere Unternehmen mit hineinziehen und damit auch Banken, die so viel Kreditausfälle nicht mehr verkraften. Das kann zu Massenarbeitslosigkeit führen.

Eine solche Krise ist aber keine Abweichung von der Normalität, sondern fester Bestandteil der kapitalistischen Produktionsweise. Wann eine Krise kommt, wie und wo sie ausgelöst wird, wie lange sie anhält, welche Ausmaße sie hat und welche Auswirkungen auf die Menschen – all das kann niemand vorhersagen. Der von vielen beklagte »Kontrollverlust«, die Unsicherheit und Instabilität sind Kennzeichen einer kapitalistischen Marktwirtschaft. Das lässt sich vonseiten des Staates nicht »wegregulieren«, umso weniger unter Bedingungen einer verschärften Weltmarktkonkurrenz. Deswegen ist das Handlungsfeld des Staates extrem umkämpft. Soziale Errungenschaften werden in Krisenzeiten zurückgenommen, sogar von jenen, die sie einst eingeführt haben: Der Sozialstaat wird abgebaut, die Daseinsvorsorge privatisiert, Lohnarbeitende werden entlassen, die Arbeitszeit wird verlängert etc. – flankiert von Appellen an die Eigenverantwortung und an das Nationalbewusstsein: Für »Deutschlands Wohlstand« sei all dies nötig.

Davon betroffen ist auch eine Vermögenssteuer. Zwar kann damit in einem begrenzten Rahmen Reichtum umverteilt werden, aber die systemische Ungleichheit, die aus der

Eigentumslosigkeit herrührt, sowie die sich aus der Konkurrenz ergebenden periodischen Krisen bleiben davon unberührt. Damit steht eine Vermögenssteuer wie andere soziale Errungenschaften stets zur Disposition: Spätestens bei der nächsten Krise oder allein schon beim Versuch, in der internationalen Konkurrenz mitzuhalten, werden sie unerbittlich auf den Prüfstand gestellt.

Auch Preiskontrollen finden ihre Grenze an der Notwendigkeit zur Kapitalakkumulation. Im Plädoyer für eine »antifaschistische Wirtschaftspolitik« scheint ein linkskeynesianisches Wirtschaftsmodell durch, das Märkte zwar einhegen möchte, zum Beispiel um »irrationalen« Preissteigerungen entgegenzutreten, das aber Märkte als Instrument der Allokation von Gütern nicht grundsätzlich hinterfragt. Nun erfolgt im Kapitalismus die Produktion von Gütern und Dienstleistungen und die damit verbundene Jagd nach Profit »privat«, das heißt unabhängig von den anderen, die ebenfalls etwas produzieren oder anbieten. Privatproduktion bedeutet Intransparenz und Nichtwissen. Auf dem Markt werden die unbekannten Größen von Gesamtangebot und (zahlungsfähiger!) Gesamtnachfrage mittels Preisen miteinander in Beziehung gesetzt. Der Markt ist daher die für die *kapitalistische Privatproduktion* notwendige Regulierungsinstanz.

Ein dauerhafter und umfassender Eingriff in den Mechanismus der Preisbildung, wie Preiskontrollen sie darstellen, schränkt diese Regulierung ein, was je nach Lage zu weiteren Problemen führen kann: zu einer Umgehung der Preiskontrollen (Schwarzmärkte) und/oder zum Zusammenbruch von Lieferketten. An einzelnen Stellen mögen Preiskontrollen möglich sein, auf breiter Ebene angewandt besteht aber die Gefahr einer Vergrößerung der Probleme. Die spezifisch kapitalistische Anreizstruktur würde empfindlich gestört werden. Wenn einem Unternehmen durch das Deckeln von

Preisen die Möglichkeit der Vermehrung von Kapital eingeschränkt wird, hat es einen geringeren Anreiz zur Produktion. Eine umfassendere oder dauerhafte Regulierung von Preisen würde daher nicht nur auf massive Widerstände seitens des Kapitals stoßen, sie könnte auch Krisen hervorrufen. Der kapitalistische Markt würde dysfunktional werden. Es wäre eine *transformation by desaster*, keine *transformation by design*. Im Grunde wissen das auch die Verfechterinnen und Verfechter von Preiskontrollen: Sie sollen nur für Krisenzeiten gelten, im absoluten Notfall.[4]

Eine weitere Grenze für Maßnahmen »antifaschistischer Wirtschaftspolitik« liegt im »stummen Zwang der Verhältnisse« (Marx). In Gesellschaftsformationen wie dem Feudalismus waren die Untergebenen persönlich abhängig von ihrem Herrn, in der modernen kapitalistischen Klassengesellschaft sind sie sachlich abhängig, das heißt, sie sind nicht abhängig von einer bestimmten Person, sondern von der sachlichen Notwendigkeit, ihre Arbeitskraft gegen Lohn verkaufen zu müssen. Kapitalismus braucht notwendigerweise diesen »stummen Zwang« der Verhältnisse. Eine umfassende Sozialpolitik erschwert nicht nur die Verwertung des Kapitals, da es die Beiträge zu den entsprechenden Sozialversicherungen mitträgt. Sie würde Menschen auch die Freiheit geben, nicht jede beliebige Arbeit annehmen zu müssen, sei sie noch so schlecht. Das ist für den Kapitalismus dysfunktional. Eine Sozialpolitik, die diesen Zwang tendenziell unterminiert, stößt daher an die systemischen Grenzen des Kapitalismus.

4 »Preiskontrollen verschaffen uns Zeit, nicht mehr und nicht weniger. Bei Problemen kann man nicht einfach Preisobergrenzen einführen und dann sagen: ›Okay, ich habe meine Arbeit getan, das war's.‹ Die Preiskontrolle wird früher oder später nicht mehr angemessen funktionieren. Aber man kann Preiskontrollen anwenden, damit ein Preis nicht völlig überzogen wird – und in der Zwischenzeit alles Denkbare tun, um die tatsächlich existierende Knappheit des jeweiligen Guts zu beheben« (Isabella Weber in: »So geht antifaschistische Wirtschaftspolitik«, Interview, in: Jacobin, 18.11.2024, https://jacobin.de/artikel/isabella-weber-preiskontrollen-inflation-trump-biden-antifaschistische-wirtschaftspolitik).

Die Maßnahmen »antifaschistischer Wirtschaftspolitik« sind im Einzelnen stark umkämpft. Je schärfer die Krisen, je größer die internationale Konkurrenz, je untergeordneter ein Staat in der internationalen Konkurrenz steht, umso größer sind die Widerstände gegen die von ihr vorgeschlagenen Maßnahmen. Im Rahmen der kapitalistischen Produktionsweise heißt umkämpft nicht, dass jedes Ergebnis möglich wäre, wenn nur die Kräfteverhältnisse es hergeben würden. Sind diese Maßnahmen nicht sowieso von vorneherein nur temporär gedacht, dann stoßen sie mit dem Zwang zur Akkumulation zusammen. Insofern besteht immer die Gefahr, dass sie unter dem Druck von Krisen und Konkurrenz wieder aufgehoben werden. Die Ursachen für die destruktiven Dynamiken einer kapitalistischen Ökonomie bleiben unter den gegebenen Bedingungen grundsätzlich erhalten. Die Maßnahmen »antifaschistischer Wirtschaftspolitik« müssten daher Teil einer größer angelegten Strategie sein, wie sie Andrej Holm in Bezug auf den Bereich Wohnen benannt hat: Damit ein effektiver Mietendeckel nicht zu weniger Investitionen in den Wohnungsbau führt, muss man Wohnen prinzipiell aus der privaten Marktlogik befreien und ein öffentliches Förderprogramm auflegen. Ähnliches gilt für die anderen von der »antifaschistischen Wirtschaftspolitik« vorgeschlagenen Maßnahmen.

Ist es wirklich die Wirtschaft?

Erklärungsbedürftige Korrelationen

Ich habe eingangs einige Studien vorgestellt, deren Ergebnisse nahelegen, dass die Leute rechts gewählt haben, etwa *weil* es Kürzungen gab in den Kommunen, oder *weil* die Preise gestiegen sind. Die Autorinnen und Autoren der Studien, ebenso wie jene, die sich darauf beziehen, um für eine »antifaschistische Wirtschaftspolitik« zu werben, kommentieren die Ergebnisse meist mit der Einschränkung, dass sozioökonomische Gründe nicht alles erklären können – oft wird auf das Thema Migration verwiesen; wir werden darauf noch zurückkommen. Aber auch wenn man die in den Studien konstatierten Korrelationen ernst nimmt, bleiben einige Fragen offen, bzw. tun sich Widersprüche auf. Warum wählen die Menschen nach erfolgten Sparmaßnahmen oder materieller Verschlechterung nicht links, sondern rechts? Warum wählen sie beispielsweise mit der AfD eine Partei, deren Programmatik ihren Bedürfnissen entgegenläuft? Warum wird auch dort rechts gewählt, wo nicht gespart bzw. sogar investiert wird? Warum wählen auch Menschen rechts, die besser gestellt sind? Der Reihe nach.

Warum Leute, die von Sozialkürzungen betroffen sind, rechts und nicht links wählen, dafür gibt es eine ältere, populäre Erklärung, die lautet: aus Enttäuschung an der Sozialdemokratie. Schließlich sei die neoliberale Sparpolitik in den letzten Jahrzehnten von dieser selbst umgesetzt worden. Dafür steht in Deutschland die Agenda 2010, die von der damaligen rot-grünen Bundesregierung unter SPD-Kanzler Gerhard Schröder 2003 auf den Weg gebracht wurde. Unter diesem Label wurden weitreichende Arbeitsmarktreformen eingeführt, darunter die sogenannten Hartz-IV-Gesetze, die den Bezug von Arbeitslosengeld einschränkten und die anschließende Arbeitslosenhilfe gänzlich abschafften. Gleichzeitig erfolgte eine Deregulierung des Arbeitsmarkts mit der

Ausweitung von Minijobs und befristeten Arbeitsverträgen. »Wir haben einen der besten Niedriglohnsektoren aufgebaut, den es in Europa gibt«, bilanzierte Schröder zwei Jahre später auf dem World Economic Forum in Davos.[1]

Dem Publizisten Sebastian Friedrich zufolge war 2016 ein Schlüsseljahr, was die Hinwendung der Arbeiterinnen und Arbeiter sowie der Arbeitslosen zur AfD betrifft: »Nicht zufällig galt 2016 mit der Wahl Donald Trumps zum US-Präsidenten im November, dem Brexit-Votum im Juni und der deutschsprachigen Veröffentlichung von [Didier Eribons] ›Rückkehr nach Reims‹ im Mai als das Jahr, in dem das Bürger*innentum, der öffentliche Diskurs und das bürgerliche Feuilleton die Arbeiter*innenklasse wiederentdeckten.«[2] Eribon, ein französischer Soziologe und Schriftsteller, hatte in seinem autobiografischen Buch unter anderem den Wechsel vieler ehemaliger Kommunisten zum Front National thematisiert. Ursächlich dafür seien neoliberale Umstrukturierungen und Sozialabbau gewesen, während die französische Linke zugleich aufgehört habe, über Klasse zu sprechen. Rechte Parteien hätten dann die entstandene politische Lücke besetzen können.

Eine ähnliche These formulierte die US-amerikanische Philosophin Nancy Fraser für die USA. Ihr zufolge habe eine progressive neoliberale Politik in der Ära vor Trumps erster Amtszeit den Klassenstandpunkt an den Rand gedrängt. Es sei nicht mehr um die Abschaffung von Hierarchien gegangen, sondern darum, »das Personal in den oberen Stellungen zu ›diversifizieren‹. Besonders ›talentierte‹ Frauen, People of

1 Gerhard Schröder: Rede auf dem World Economic Forum, Davos, 28.1.2005, Bulletin 08-2, https://www.bundesregierung.de/breg-de/service/newsletter-und-abos/bulletin/rede-von-bundeskanzler-gerhard-schroeder-792094.

2 Sebastian Friedrich: Krise als Kampffeld. Entstehung, Entwicklung und Erfolg der AfD vor dem Hintergrund gesellschaftlicher Entwicklungen, in: Thorsten Mense/Judith Goetz (Hrsg.): Rechts, wo die Mitte ist. Die AfD und die Modernisierung des Rechtsextremismus, München 2018, S. 18–36, S. 18.

Color und Angehörige sexueller Minderheiten sollen dazu ›ermächtigt‹ und ermutigt werden, sich um Spitzenpositionen zu bewerben.« Kennzeichen dieses progressiven Neoliberalismus seien auf der anderen Seite gewesen: der »Abbau von Beschränkungen für weltweite Kapitalströme, die Deregulierung des Bankensystems, die Ausweitung eines überaus rücksichtslosen Kreditwesens, eine weitere Deindustrialisierung und Schwächung der Gewerkschaften sowie die forcierte Ausbreitung von prekären und schlecht bezahlten Arbeitsverhältnissen«.[3] Damit sei der Lebensstandard der Arbeiterklasse und großer Teile der Mittelschicht langfristig gesenkt, das obere eine Prozent dagegen immer reicher geworden. Die neoliberalen Reformen seien zwar ursprünglich von den Rechten gekommen, aber ohne die Einbindung der Progressiven habe das Projekt niemals hegemonial werden können.

Gemeinsam ist diesen kontrovers diskutierten Erklärungen, dass sie eine sozialdemokratische Politik für das Erstarken der Rechten mitverantwortlich machen, da jene die Interessen ihrer ureigenen Klientel nicht mehr vertreten habe.

Die These, dass ehemalige Anhängerinnen und Anhänger einer einst sozialdemokratischen Politik zur Rechten überwechseln (können), scheint von einer Untersuchung auf Basis des Erwerbspersonenpanels des Wirtschafts- und Sozialwissenschaftlichen Instituts (WSI) der Hans-Böckler-Stiftung bestätigt zu werden. Knapp 40 Prozent der aktuellen AfD-Wählerinnen und -Wähler hätten bei der Bundestagswahl 2021 noch eine der etablierten »gemäßigten demokratischen Parteien der Mitte« gewählt, sie seien vor allem von Union und SPD zur AfD gewechselt. Dies verdeutliche, so der Autor der Studie, dass die AfD auch diejenigen anzie-

3 Nancy Fraser: Hegemonie in der Krise. Weshalb Trump das Machtvakuum nicht füllt und was das für gegenhegemoniale Projekte bedeuten könnte, in: Zeitschrift LuXemburg 1/2018, https://zeitschrift-luxemburg.de/artikel/hegemonie-in-der-krise.

hen konnte, denen »wirtschaftlich linkere Positionen« wie die Verringerung der Ungleichheit oder die Anhebung des Mindestlohns wichtiger seien als ihrer AfD-Stammwählerschaft.[4] Auf die hier unterstellten vermeintlich gegensätzlichen Einstellungsmuster werde ich noch zurückkommen.

Zur zweiten Frage: Lässt man sozioökonomische Gründe als eine wichtige Ursache für das Erstarken der Rechten gelten, stößt man unweigerlich auf ein Paradox: Die AfD ist gegen eine Vermögenssteuer, gegen die Lockerung der Schuldenbremse, sie will Sozialausgaben kürzen, steht für freien Wettbewerb und eine niedrige Staatsquote. Sie begünstigt die Besserverdienenden und steht für alles, nur nicht für eine Umverteilung von oben nach unten. Auch was die Mieten angeht, ist die AfD keineswegs für eine soziale Wohnungspolitik bekannt. Dennoch wird sie von Arbeiterinnen und Arbeitern sowie Arbeitslosen gewählt.

Vor diesem Hintergrund stellt sich die Frage: Wieso wählen Menschen gegen ihre eigenen Interessen? Aus Unwissenheit? Mag sein – bekanntermaßen lesen die wenigsten Menschen das Wahlprogramm der Parteien, bevor sie wählen –, aber häufig spielt das, wofür Parteien *symbolisch* stehen, eine wichtigere Rolle als das, was sie schriftlich niedergelegt haben. Auch die Art und Weise, wie Wut, Hoffnung, Unsicherheit und Ängste adressiert werden, fällt ins Gewicht. Ob Politikerinnen und Politiker sympathisch oder vertrauenserweckend sind oder ob man sich mit ihnen und dem Milieu, dem sie entstammen, identifiziert, ist wichtig. Wahlentscheidungen werden häufig eher affektiv als rational getroffen. Der Bielefelder Konfliktforscher Wilhelm Heitmeyer erklärt den Umstand, dass diejenigen, die mit der AfD »völlig inkonsistent gegen die eigenen Interessen« votieren, mit

4 Andreas Hövermann: Die Verdoppelung des AfD-Elektorats. Erkenntnisse aus dem WSI-Erwerbspersonenpanel 2020–2025, WSI-Study 42, hrsg. von der Hans-Böckler-Stiftung, Düsseldorf 2025, S. 50.

einer »populistischen Fassade und geschicktem Medien- und Kommunikationsmanagement«[5] der AfD. Es sei die ausgrenzende Identitätspolitik, »als Kern eines Kulturkampfes«, die für Wählerinnen und Wähler der AfD so attraktiv sei.[6] Tatsächlich dominiert nicht Sozialpolitik zugunsten der Ärmeren in den Reden und Pamphleten der AfD, sondern Migration und Nationalismus. Gleichwohl bleibt zu fragen, woher die »ausgrenzende Identitätspolitik« ihre Anziehungskraft bezieht und warum Themen des sozialen Ausgleichs bei der Wahlentscheidung hintanstehen. Auch darauf wird später noch zurückzukommen sein.

Zur dritten und vierten Frage: Dass die Menschen rechts wählen, wenn die Preise steigen, wenn eine wirtschaftliche Rezession Abstiegsängste hervorruft oder wenn die Kommune an sozialer Infrastruktur einspart, ist eine in vielen Fällen zutreffende Beobachtung. Daneben gibt es aber auch abweichende Phänomene. So gilt beispielsweise Schweden sozialstaatlich noch als vergleichsweise gut aufgestellt. Die Rechte hat dort dennoch stark an Zustimmung gewonnen.[7] Auch in manchen Regionen in Ostdeutschland sind etliche Investitionen geflossen, dennoch konnte das dem Erstarken der Rechten dort nicht entgegenwirken, wie in einem Artikel mit dem programmatischen Titel »Geld schützt nicht vor Radikalen« beschrieben wird.[8]

Das bestätigt die Annahme, dass das Erstarken der Rechten noch andere Gründe hat als nur die Verschlechterung sozioökonomischer Lagen. Auch sind es nicht die Angehörigen der unteren Klassen allein, die für den Rechtsruck ver-

5 Wilhelm Heitmeyer: »Die AfD emotionalisiert Probleme«, Interview, in: die tageszeitung, 4.10.2024, https://taz.de/Soziologe-Heitmeyer-ueber-Autoritarismus/!6039342.

6 Ebd.

7 Jason Stanley: Wie Faschismus funktioniert, E-Book, Neu-Isenburg 2024, S. 19.

8 Jana Hensel: Geld schützt nicht vor Radikalen, in: Die Zeit, 25.4.2024, S. 20.

antwortlich sind. Bezug nehmend auf die Aussage »Antifa heißt Wohlfahrtsstaat« der Vorsitzenden der Partei Die Linke, Ines Schwerdtner, hat der Journalist Raul Zelik zu Recht eingewandt: »Man kann darüber streiten, ob diese ökonomische Verknüpfung nicht in die Irre führt. Denn die Rechtsextremen in den Kommunalparlamenten von Gera und Greiz sind gewiss keine ›Abgehängten‹, sondern Apotheker, Rechtsanwälte und Immobilienmakler.«[9] Und in den USA sind es gerade Superreiche wie Elon Musk oder Peter Thiel, die offensiv rechtsextreme Positionen vertreten. Sie sind nicht einfach nur interessiert am Erhalt oder gar der Vermehrung ihres Vermögens, sie sind auch diejenigen, die eine besonders marktradikale und menschenfeindliche Variante gesellschaftlicher Ordnung aktiv vorantreiben – woran sich die Frage anschließt: Warum werden Figuren wie Musk auch von den sogenannten einfachen Leuten gefeiert wie Helden, während Empfängerinnen und Empfänger von Bürgergeld die schlimmsten Schmähungen erfahren? Oder allgemeiner formuliert: Warum treten Menschen angesichts der eklatanten sozialen Ungleichheit eher nach unten als nach oben?

Kontinuität rechter Ideologie

In einem Interview mit dem Deutschlandfunk am 11. Oktober 2018 kam der Konfliktforscher Wilhelm Heitmeyer auf die »Flüchtlingskrise«[10] zu sprechen.[11] Die Migration seit

9 Raul Zelik: Die Linke muss internationalistischer werden, in: nd aktuell, 19.6.2025, https://www.nd-aktuell.de/artikel/1192019.linkspartei-die-linke-muss-internationalistischer-werden.html?sstr=zelik.

10 Ich setze das Wort in Anführungszeichen, da es eine Frage der Perspektive ist, ob es sich hier um eine Krise handelt oder nicht.

11 Wilhelm Heitmeyer: »Der Begriff ›Rechtspopulismus‹ ist viel zu verharmlosend«, Interview, in: Deutschlandfunk Kultur, 10.11.2018, https://www.deutschlandfunkkultur.de/soziologe-wilhelm-heitmeyer-der-begriff-rechtspopulismus-100.html.

2015 und eine vermeintlich »verfehlte« Migrationspolitik (»Wir schaffen das«) werden häufig als Gründe für das Erstarken der Rechten in Deutschland genannt. Ähnlich wie bei den sozioökonomischen Gründen geht die Argumentation so: Die Leute wählen rechts, weil zu viele Flüchtende ins Land kommen. Heitmeyer widerspricht diesem Schluss. Es habe bereits vor der Flüchtlingsbewegung von 2015 bestimmte Einstellungsmuster in der Bevölkerung gegeben. Die Ursachen dafür lägen also tiefer.

Heitmeyer und sein Team untersuchen seit Langem die Verbreitung autoritärer und Menschen abwertender Einstellungen. Sie verantworten die Bielefelder Langzeitstudie »Deutsche Zustände«.[12] Zehn Jahre lang haben sie jedes Jahr rund 2000 repräsentativ ausgewählte Personen interviewt und damit die weltweit größte Studie dieser Art vorgelegt. Im Zuge dieser Langzeituntersuchung prägten die Bielefelder Forscherinnen und Forscher vor allem zwei Konzepte, die zum sozialwissenschaftlichen Standard geworden, aber auch in den nichtakademischen Sprachgebrauch eingegangen sind. Sie hängen eng miteinander zusammen.

Da ist zum einen die »Ideologie der Ungleichwertigkeit«. Sie verwandelt die Ungleichheit zwischen Menschen in Ungleichwertigkeit, das heißt, ein Mensch gilt als schlecht, weil er anders ist. Das zweite Konzept, die gruppenbezogene Menschenfeindlichkeit (GMF), besagt, dass die Ideologie der Ungleichwertigkeit auf Gruppen bezogen wird, denen Menschen nach je unterschiedlichen Kriterien zugeordnet werden: »Werden Personen aufgrund ihrer gewählten oder zugewiesenen Gruppenzugehörigkeit als ungleichwertig markiert und feindseligen Mentalitäten der Abwertung und Ausgrenzung ausgesetzt, dann sprechen wir von Gruppen-

12 Wilhelm Heitmeyer (Hrsg.): Deutsche Zustände. Folge 1–10, Frankfurt a. M. 2002–2012.

bezogener Menschenfeindlichkeit.«[13] Ein Kennzeichen von GMF ist seine Spannbreite: »Nicht nur Personen fremder Herkunft sind mit Feindseligkeiten und Gewalt konfrontiert, wenn sie bestimmten Gruppen zugeordnet werden, sondern auch Menschen gleicher Herkunft, deren Verhaltensweisen oder Lebensstile in der Bevölkerung als ›abweichend‹ von einer als beruhigend empfundenen Normalität interpretiert werden.«[14] Die in diesem Sinne untersuchten Phänomene sind Rassismus und Fremdenfeindlichkeit, Antisemitismus, Homophobie und Sexismus, die Abwertung von Obdachlosen, Langzeitarbeitslosen und Behinderten, Islamophobie und Etabliertenvorrechte.[15] Dabei können sich die jeweiligen Phänomene in ihrer Ausprägung über die Jahre wandeln, je nach gesellschaftlicher Konfliktlage.

Die meisten dieser Ausprägungen stehen mehr oder weniger stark in einem engen Zusammenhang mit Autoritarismus: »Je deutlicher jemand autoritäre Einstellungen vertritt, desto eher stimmt er auch fremdenfeindlichen und rassistischen Äußerungen zu. Auch Etabliertenvorrechte werden von autoritär Eingestellten in hohem Ausmaß eingefordert.«[16] Autoritarismus drückt sich nicht nur in der Existenz autoritärer Regime aus. Er macht sich auch bemerkbar, wenn sich die Bevölkerung oder Teile davon verstärkt »eine starke Hand«

13 Wilhelm Heitmeyer: Gruppenbezogene Menschenfeindlichkeit: Die theoretische Konzeption und empirische Ergebnisse aus den Jahren 2002, 2003 und 2004, in: Wilhelm Heitmeyer (Hrsg.): Deutsche Zustände. Folge 3, Frankfurt a. M. 2005, S. 13–36, S. 14.

14 Ebd., S. 14–15.

15 Diese Privilegien beziehen sich auf »Alteingesessene, gleich welcher Herkunft, die eine Vorrangstellung beanspruchen, anderen gleiche Rechte vorenthalten möchten und somit das Prinzip der Gleichwertigkeit verletzen« (Wilhelm Heitmeyer/Jürgen Mansel: Gesellschaftliche Entwicklung und Gruppenbezogene Menschenfeindlichkeit: Unübersichtliche Perspektiven, in: Wilhelm Heitmeyer (Hrsg.): Deutsche Zustände. Folge 6, Frankfurt a. M. 2008, S. 13–35, S. 19).

16 Wilhelm Heitmeyer/Aribert Heyder: Autoritäre Haltungen. Rabiate Forderungen in unsicheren Zeiten, in: Wilhelm Heitmeyer (Hrsg.): Deutsche Zustände. Folge 1, Frankfurt a. M. 2002, S. 59–94., S. 62–63.

wünschen, eine autoritäre Führung, »die durchgreift«, wobei sich das Durchgreifen dann auf jene Individuen oder Gruppen bezieht, die als minderwertig betrachtet werden.

Aus der Bielefelder Langzeitstudie resultierten zahlreiche Einzelanalysen, die zeitbedingte Zusammenhänge betrachteten. Schon zu Beginn der Studie, Anfang der 2000er-Jahre, wurde festgehalten, dass gut 20 Prozent der Bevölkerung ein Einstellungsmuster teilten, das Heitmeyer als »rechtspopulistisch« klassifizierte.[17] Dazu mussten folgende drei Überzeugungen bei den Befragten zusammenkommen: »Law and Order«-Positionen, die Ansicht, es gebe zu viele Ausländer, die eine Belastung für den Sozialstaat darstellten, und die Auffassung, Juden versuchten, aus der Vergangenheit des »Dritten Reiches« heute einen Vorteil zu ziehen.[18] Autoritarismus und gruppenbezogene Menschenfeindlichkeit waren demnach schon vor über 20 Jahren in einem nicht unerheblichen Teil der Bevölkerung präsent.

Heitmeyer und sein Team verwiesen in der Auswertung der ersten Folge der »Deutschen Zustände« auf eine Untersuchung des Parteienforschers Richard Stöss von 1993. Dieser habe bereits damals festgestellt, »dass die meisten Personen mit fremdenfeindlichen und rechtsextremistischen Positionen nicht die rechtsextremen Parteien wählen, sondern die großen Volksparteien, d. h. vorrangig CDU/CSU und SPD«,[19] weil diese die rechtsextremistischen Wählerinnen und Wähler erfolgreich hätten integrieren können. Man könnte auch sagen: Ihr politisches Angebot schien ausreichend kompa-

17 Aufgrund der Radikalisierung der rechten Kräfte in der Bundesrepublik spricht Heitmeyer heute von »autoritärem Nationalradikalismus«, vgl. Heitmeyer: »Der Begriff ›Rechtspopulismus‹ ist viel zu verharmlosend«.

18 Dagmar Schaefer/Jürgen Mansel/Wilhelm Heitmeyer: Rechtspopulistisches Potential. Die »saubere Mitte« als Problem, in: Heitmeyer (Hrsg.): Deutsche Zustände. Folge 1, S. 123–135. S. 124–125. Zu den einzelnen Ansichten vgl. Wilhelm Heitmeyer: Autoritäre Versuchungen, 4. Aufl., Berlin 2020, S. 205.

19 Schaefer u. a.: Rechtspopulistisches Potential, S. 127.

tibel zu sein. Die Gründung der AfD im Jahr 2013 sowie ihr erstmaliger Einzug in den Bundestag 2017 seien somit auch nicht Ausdruck einer Rechtsverschiebung in den Einstellungen, die erst im ersten Jahrzehnt der 2000er-Jahre stattgefunden habe: »Man muss immer wieder sagen: Dieses Einstellungsmuster autoritärer Art war vor Pegida, vor der Spaltung der AfD und auch vor der Flüchtlingsbewegung schon vorhanden.«[20]

Der Bielefelder Forscher unterscheidet daher zwischen Ursachen und »Signalereignissen«.[21] Letztere sind in dem, was sie auslösen, ein »Signal« für bestehende Unsicherheiten, Ängste und autoritäre Haltungen. Als »Signalereignisse« benannte Heitmeyer zum Beispiel die Terroranschläge vom 11. September 2001, die Einführung von Hartz IV 2005, die Finanzkrise von 2008 oder die Pandemie 2020. »Signalereignisse« bringen die Einstellungsmuster nicht hervor, sie verstärken sie aber und kanalisieren sie. Anders formuliert: Sie sind nicht Ursache, sondern Auslöser dafür, dass Menschen rechte Parteien wählen. Auch die derzeit diskutierten Sozialkürzungen oder die Inflation können vor diesem Hintergrund als solche »Signalereignisse« gewertet werden. Der Erfolg der AfD ist nach Heitmeyer Ausdruck eines bis dahin »vagabundierenden Autoritarismus«[22] von Teilen der Bevölkerung, die »wahlpolitisch entweder mal bei der CDU, CSU oder SPD waren oder sich in wutgetränkte Apathie zurückgezogen haben«.[23] Mit der AfD habe dieser »vagabundierende Autoritarismus« ein politisches Zuhause finden können: Schon in »der Langzeitstudie zu [den] deutschen Zuständen zwischen 2002 und 2012 zeichneten sich die politischen Potentiale in den autoritären Einstellungen von

20 Heitmeyer: »Der Begriff ›Rechtspopulismus‹ ist viel zu verharmlosend«.
21 Heitmeyer: Autoritäre Versuchungen, S. 90.
22 Heitmeyer: »Der Begriff ›Rechtspopulismus‹ ist viel zu verharmlosend«.
23 Ebd.

Teilen der Bevölkerung ab. Sie hatten damals nur noch keine parteipolitische Anschlussstelle«.[24]

Man kann aber noch weiter zurückgehen. Nicht nur, dass Heitmeyer schon seit den 1980er-Jahren vor einer Normalisierung fremdenfeindlicher, nationalistischer und autoritärer Einstellungsmuster warnt, es lässt sich eine Kontinuität bis zum historischen Faschismus feststellen, wobei die inhaltlichen Ausprägungen, die Erscheinungsformen und die jeweilige Verbreitung unterschiedlich ausfallen. So sei die politische Mitte in den 1950er- oder 1960er-Jahren sehr wahrscheinlich deutlich autoritärer, patriarchaler und rassistischer eingestellt gewesen als heute, schreibt etwa der Soziologe Thorsten Mense.[25] Die Kontinuitätslinie, von der hier die Rede ist, brachte Adorno 1967 in einem Vortrag mit dem Titel »Aspekte des neuen Rechtsradikalismus« folgendermaßen auf den Punkt: »Ich möchte also davon ausgehen, meine Damen und Herren, dass die Voraussetzungen faschistischer Bewegungen trotz des Zusammenbruchs gesellschaftlich, wenn auch nicht unmittelbar politisch, nach wie vor fortbestehen.«[26]

Für ein tieferes Verständnis autoritärer Einstellungen ist es wichtig, ihre unterschiedlichen historischen Konjunkturen zu untersuchen. Thorsten Mense und Judith Götz sprechen von einem »faschistischen Potenzial«, dass derzeit so offen zutage trete wie seit dem Ende des Nationalsozialismus nicht mehr,[27] wobei sich dieses Potenzial nicht immer in der

24 Wilhelm Heitmeyer: Die AfD emotionalisiert Probleme, in: die tageszeitung, 4.10.2024, https://taz.de/Soziologe-Heitmeyer-ueber-Autoritarismus/!6039342.

25 Thorsten Mense: Autoritäre Formierung und identitäres Bedürfnis, in: Mense/Goetz (Hrsg.): Rechts, wo die Mitte ist, S. 50–72. Mense verweist auf eine Studie von 1981, nach der 13 Prozent der westdeutschen Bevölkerung ein »geschlossen rechtsextremes Weltbild« hatten. Das waren weitaus mehr als heute; vgl. ebd., S. 54.

26 Theodor W. Adorno: Aspekte des neuen Rechtsradikalismus, München 2019, S. 3.

27 Thorsten Mense/Judith Goetz: Linke Analysen einer modernisiert rechtsextremen Partei, in: Thorsten Mense/Judith Goetz (Hrsg.): Rechts, wo die Mitte

gleichen Radikalität zeigt. Das Spektrum reicht von der »rohen Bürgerlichkeit« bis hin zu offener physischer Gewalt. Mit Ersterem beschreibt Heitmeyer eine »verachtende Haltung gegenüber Schwächeren mit einer Ideologie, die bestimmte Gruppen von Menschen als ungleichwertig begreift und sich hinter einer glatten äußeren Fassade verbirgt«.[28] »Rohe Bürgerlichkeit« begegnet einem zum Beispiel bei Repräsentanten der CDU/CSU, wenn sie Empfängerinnen und Empfänger von Bürgergeld unter Generalverdacht stellen, nicht arbeiten zu wollen. Gruppenbezogene Menschenfeindlichkeit sowie generell an rechte Ideologien anschlussfähige Positionen sind nicht nur in der politischen Mitte längst angekommen, sie wurden auch von dort vorbereitet, wie Mense unter der Überschrift »Autoritarismus der Mitte« näher ausführt.[29] Ein »radikalisierter Konservatismus«, so auch Natascha Strobl,[30] habe zur Normalisierung autoritärer und rechter Gesinnung beigetragen und den Nährboden für rechtsextreme Positionen bereitet.[31] Das scheint eine These des Soziologen Kurt Lenk zu bestätigen, der schon 1994 in einem Buch mit dem Titel »Rechts, wo die Mitte ist« die Bereitschaft des bürgerlichen Konservatismus beschrieben hat, »im Krisenfall sein Glück wieder im Schoße einer völkisch definierten, autoritär gegliederten Nation zu suchen«.[32]

Mit dem Erfolg der AfD wurde der radikalisierte Konservatismus rechts überholt. Das war unter anderem auch des-

ist. Die AfD und die Modernisierung des Rechtsextremismus, München 2018, S. 7–17, S. 7.

28 Wilhelm Heitmeyer: »Krisen und Kontrollverluste sind die wirkungsvollsten Treiber«, Interview, in: Philosophie Magazin, 19.6.2023, https://www.philomag.de/artikel/wilhelm-heitmeyer-krisen-und-kontrollverluste-sind-die-wirkungsvollsten-treiber.

29 Mense: Autoritäre Formierung und identitäres Bedürfnis, S. 58–61.

30 Natascha Strobl: Radikalisierter Konservatismus, Berlin 2021.

31 Mense: Autoritäre Formierung und identitäres Bedürfnis, S. 56.

32 Zit. nach Volker Weiß: Die autoritäre Revolte. Die Neue Rechte und der Untergang des Abendlandes, Stuttgart 2017, S. 9.

halb möglich, weil in der Merkel-Ära mit einigen liberalen Maßnahmen – Ehe für alle, Abschaffung der Wehrpflicht, Offenhalten der Grenzen für Geflüchtete, Atomausstieg – das rechtskonservative Spektrum verprellt wurde. Heute übernehmen nicht nur konservative Parteien beim Thema Migration Teile der Programmatik der AfD. Die sogenannte Brandmauer »bröckelt erheblich«.[33]

Zwar gehe rechtsextremistische Gewalt, so Heitmeyer, zahlenmäßig nur von einem sehr kleinen Teil der Bevölkerung aus, was allerdings kein Grund zur Beruhigung sei. Nicht nur die bereits erwähnte Langzeitstudie, auch die bekannten Bielefelder und Leipziger »Mitte-Studien« zeigen, dass Einstellungen gruppenbezogener Menschenfeindlichkeit von beträchtlichen Teilen der Bevölkerung vertreten werden. Diese Einstellungen würden »über Legitimationsbrücken«[34] in rechte Milieus transportiert, die in zunehmenden Maß bereit seien, Gewalt einzusetzen. In anderen Ländern sieht es nicht viel besser aus.

Wer nun rechtsextreme Gewalt verhindern will, dürfe laut Heitmeyer nicht an den Symptomen ansetzen, sondern müsse »die Prozesse in den Blick nehmen, durch welche die sozialen Wurzeln der offenen Gesellschaft und der liberalen Demokratie vergiftet werden«.[35] Aber welche sind das? Heitmeyer führt sie im Wesentlichen auf einen »autoritären Kapitalismus« zurück und damit auf eine spezifische »Mutationsform des Kapitalismus«,[36] die meistens als »Neoliberalismus« bezeichnet wird und der bestimmte Kennzeichen zugeschrieben werden. Die Komplexität der politischen und

---

33 Hövermann: Die Verdoppelung des AfD-Elektorats, S. 3.

34 Manuela Freiheit/Wilhelm Heitmeyer/Peter Sitzer: Autoritäre Allianzen, in: Zeitschrift LuXemburg, Dezember 2020, https://zeitschrift-luxemburg.de/artikel/autoritaere-allianzen.

35 Ebd.

36 Byung-Chul Han: Psychopolitik. Neoliberalismus und die neuen Machttechniken, Frankfurt a. M. 2014, S. 14.

ökonomischen Veränderungen der letzten Jahrzehnte und ihre Auswirkungen auf die Individuen lassen sich schwerlich in wenigen Sätzen hier zusammenfassen. Deshalb sollen nur einige wenige Stichpunkte, die für das weitere Verständnis wichtig sind, herausgehoben werden.

Ausgangspunkt der Analyse von Heitmeyer ist eine spezifische Form der Globalisierung, die mit einer intensivierten Weltmarktintegration eingesetzt hat. Die Nationalstaaten hatten ein verstärktes Interesse, heimisches Kapital auf dem Weltmarkt wettbewerbsfähig und den eigenen Standort fit zu machen, um internationales Kapital anzuziehen. Daraus habe sich, so Heitmeyer, ein Souveränitäts- oder Kontrollverlust der Nationalstaaten gegenüber dem Kapital ergeben, das in dieser Situation die Staaten unter Druck setzen und gegeneinander ausspielen konnte.[37] Zu den Maßnahmen, die die nationale Wettbewerbsfähigkeit erhöhen sollten, gehörten die Senkung der Lohnnebenkosten, die Flexibilisierung der Arbeitsverhältnisse, die Schaffung von Niedriglohnsektoren, der Abbau des Sozialstaats und niedrige Unternehmenssteuern. Eine solche Politik habe nicht nur zu einer Zunahme sozialer Ungleichheit geführt, es sei auch die soziale Unsicherheit gestiegen, woraus sich Prozesse sozialer Desintegration auf den unterschiedlichsten Ebenen ergeben hätten.

Mit dem Begriff »autoritärer Kapitalismus« will Heitmeyer zum Ausdruck bringen, dass die »Neoliberalisierung der Ökonomie« mit einer Verstärkung »repressiver und kontrollierender gesellschaftlicher und staatlicher Instanzen« einhergeht.[38] Das treffe die »sozial Schwachen« besonders und treibe die Desintegration der Gesellschaft voran. Heitmeyer nennt als eines von vielen Beispielen die Vertreibung von

37 Bei Heitmeyer klingt es so, als sei der Staat ungewollt in eine Lage hineingeschlittert, bei der er gegenüber dem Kapital an Kontrollmacht verloren hat. Es handelte sich aber um eine gezielte Politik. Sie war nicht Ausdruck der Schwäche, sondern der Verschiebung staatlicher Prioritäten.

38 Heitmeyer: Autoritäre Versuchungen, S. 65.

Bettlern aus Innenstädten, die nicht zufällig parallel mit den Standortdebatten erfolgt sei.[39] Der »autoritäre Kapitalismus« ist darüber hinaus begleitet von mehreren »Signalereignissen«, periodischen wirtschaftlichen Krisen und massiven gesellschaftlichen Konflikten, wie jene um die Bewältigung der Pandemie, die Klimakrise und den Umgang mit Geflüchteten. Die ersten beiden Jahrzehnte des 21. Jahrhunderts bezeichnet Heitmeyer daher als »entsicherte Jahrzehnte«.[40]

Im Zusammenhang mit dem »autoritären Kapitalismus« bildet sich eine bestimmte Ideologie aus, die die Marktlogik als überlegen betrachtet. Kollektive, solidarische oder staatlich organisierte Versorgung ebenso wie staatliche Unternehmen gelten demgegenüber als defizitär. Der Staat soll nur noch einen möglichst geräuschlosen Handlungsrahmen eines freien Wettbewerbs gewährleisten; die europaweiten Privatisierungswellen seit den 1980er-Jahren zeugen davon. Nicht mehr der Staat soll eine gewisse kollektive Vorsorge organisieren, die Einzelnen sollen dies tun. Sie müssten sich eigeninitiativ und selbstverantwortlich auf dem Markt bewähren entlang des »unternehmerischen Selbsts«: »Nur wer sich selbst entsprechend optimiert, [...] handelt ökonomisch effizient.«[41]

Das neoliberale Zeitalter bedingt auf vielen Ebenen und bis in die Poren des Alltags hinein eine rücksichtslose Leistungsideologie sowohl gegenüber sich selbst als auch gegenüber anderen. Wenn in einer durch Konkurrenz geprägten Gesellschaft die kollektiven Sicherungssysteme privatisiert und die gesellschaftlichen Ressourcen der Daseinsvorsorge zurückgefahren werden, muss jeder und jede verstärkt »nach sich selbst« schauen. So hat beispielsweise die Teil-

39 Ebd.

40 Ebd., S. 89.

41 Vgl. Eva Gross/Julia Gundlach/Wilhelm Heitmeyer: Die Ökonomisierung der Gesellschaft. Ein Nährboden für Menschenfeindlichkeit in oberen Status- und Einkommensgruppen, in: Wilhelm Heitmeyer (Hrsg.): Deutsche Zustände. Folge 9, Berlin 2010, S. 138–157, S. 140.

privatisierung der Rente dazu geführt, dass viele Menschen sich ihre Rente mit den Mietzahlungen anderer aus einer Eigentumswohnung aufstocken (dazu müssen sie keine vermietete Eigentumswohnung besitzen, es genügt, wenn sie Anteile an einem privaten Rentenfonds halten). Soziale Desintegration geht daher mit Prozessen der Entsolidarisierung einher.

Die in der neoliberalen Gesellschaft verbreitete Akzeptanz der Leistungsideologie sei »einer der wichtigsten Hemmschuhe politischer Mobilisierung für mehr Gleichheit«, schreiben Steffen Mau, Thomas Lux und Linus Westheuser in ihrem Buch »Triggerpunkte«.[42] Der Soziologe Klaus Dörre spricht daher auch von einer »demobilisierten Klasse«.[43] Das »meritokratische Prinzip«, wonach jeder, der sich anstrengt, es auch schaffen kann, scheint umso mehr akzeptiert zu werden, je ungleicher eine Gesellschaft ist: »Interessanterweise kommen international vergleichende Studien sogar zu dem Befund, dass wachsende Verteilungsungleichheiten mit zunehmendem Meritokratieglauben einhergehen.«[44]

Der deutschen Bevölkerung attestierte Heitmeyer schon 2012 als Ergebnis seiner Langzeitanalyse: »Entsicherung, Richtungslosigkeit und Instabilität sind zur neuen Normalität geworden. Die Nervosität scheint über alle sozialen Gruppen hinweg zu steigen.«[45] Kennzeichen der »neuen Normalität« sei eine »Ökonomisierung des Sozialen«. Damit ist das »Eindringen wirtschaftlicher Kalküle in das soziale Zusammenleben« gemeint, wenn die »Eigenlogik des ökonomi-

42 Steffen Mau/Thomas Lux/Linus Westheuser: Triggerpunkte, E-Book, Berlin 2023, Kap. 3.3.

43 Klaus Dörre: In der Warteschlange. Arbeiter*innen und die radikale Rechte, Münster 2020.

44 Mau/Lux/Westheuser: Triggerpunkte, Kap. 3.3.

45 Wilhelm Heitmeyer: Gruppenbezogene Menschenfeindlichkeit (GMF) in einem entsicherten Jahrzehnt, in: Wilhelm Heitmeyer (Hrsg.): Deutsche Zustände. Folge 10, 4. Aufl., Berlin 2014, S. 15–41, S. 34.

schen Systems alle sozialen Bereiche besetzt«.[46] Der Wandel der »Marktwirtschaft zur Marktgesellschaft«[47] habe Auswirkungen auf die Einstellungen der vermarktlichten Subjekte. Ökonomistisches Denken führe dazu, dass Menschen, die aus einer solchen Perspektive »keinen Beitrag zur Effizienzsteigerung der Marktgesellschaft«[48] leisten, zum Beispiel Langzeitarbeitslose oder Obdachlose, als »Nutzlose« betrachtet werden.

Zu ergänzenden Schlüssen kommt die »Mitte-Studie« von 2023, die den Einfluss eines spezifisch »marktförmigen Krisenzustands«[49] auf die Entwicklung libertär-autoritärer, menschenfeindlicher und rechter Einstellungen untersucht hat. Dabei standen Personen im Fokus, die sich mit neoliberalen Leitbildern, etwa »dem unternehmerischen Universalismus«,[50] identifizieren, einer »verallgemeinerten neoliberalen Norm der Selbstoptimierung, die von allen ein hohes Maß unternehmerischer Tugenden wie Kreativität, Flexibilität, Risikobereitschaft und Eigenverantwortung fordert«. Sie geht davon aus, dass jeder und jede bei eigener entsprechender Anstrengung es schaffen kann, sich auf dem Markt zu bewähren. Es wird dem neoliberalen Leistungsversprechen aber nicht nur geglaubt, es wird auch danach gelebt. Das betrifft besonders die Gruppe der sogenannten entsichert Marktförmigen, die nach ihrem subjektiven Empfinden vom Leistungsversprechen enttäuscht wurden. »Entsichert Marktförmige« seien der Studie zufolge zwar zu

46 Wilhelm Heitmeyer/Kirsten Endrikat: Die Ökonomisierung des Sozialen. Folgen für »Überflüssige« und »Nutzlose«, in: Heitmeyer (Hrsg.): Deutsche Zustände. Folge 6, S. 55–72, S. 56.

47 Ebd.

48 Ebd.

49 Eva Groß/Andreas Hövermann/Amelie Nickel: Entsicherte Marktförmigkeit als Treiber eines libertären Autoritarismus, in: Andreas Zick/Beate Küpper/Nico Mokros (Hrsg.): Die distanzierte Mitte. Rechtsextreme und demokratiegefährdende Einstellungen in Deutschland, hrsg. von der Friedrich-Ebert-Stiftung, Bonn 2023, S. 243–258, S. 245.

50 Ebd., S. 247.

großen Teilen Personen, die in prekären und benachteiligten Verhältnissen leben, aber nicht ausschließlich: »Die entsicherte Marktförmigkeit ist vielmehr auch Teil der Mittelschichten (Soziallagen und Bildung) der Gesellschaft.«[51]

Auffällig sei das »enorme Ausmaß an Illiberalität und demokratiegefährdenden Einstellungen«[52] in dieser Gruppe. Hier paare sich die »entsicherte Marktförmigkeit« mit einer feindseligen Abgrenzung gegenüber den als ungleichwertig markierten anderen. Unter ihnen seien libertär-autoritäre Einstellungen zum Beispiel in Form des Misstrauens gegenüber dem Establishment und den öffentlich-rechtlichen Medien besonders ausgeprägt. Die »entsichert Marktförmigen« seien in ihren Einstellungen »überdurchschnittlich menschenfeindlich, verschwörungsgläubig und rechtsextrem«.[53] Auch werde in dieser Gruppe Gewalt in einem deutlich höheren Ausmaß gebilligt: »Wenn man sich vor Augen führt, dass fast jede:r Dritte in dieser Gruppe der Aussage zustimmt, einige Politiker:innen hätten es verdient, ›wenn die Wut gegen sie auch schon mal in Gewalt umschlägt‹, zeigt das, wie hemmungslos hier gedacht wird.«[54] Es seien die gefühlten Krisenerfahrungen und damit verbundene Entsicherungen, die die »Erfolgs- und Leistungsidentifizierten« auch und gerade in der Mitte der Gesellschaft ins »Autoritäre und Illiberale« driften ließen. Insgesamt zeichne sich hier mit knapp 20 Prozent der deutschen Bevölkerung eine »rabiat marktförmig-libertäre Gruppe« ab.[55]

Die Vorstellung von Freiheit beschränke sich bei ihnen auf die eigene Freiheit zur Selbstentfaltung: »Rücksicht auf andere ist bestenfalls zweitrangig.«[56] Gegenwärtig habe man

51 Ebd., S. 256.
52 Ebd.
53 Ebd.
54 Ebd.
55 Ebd., S. 257.
56 Ebd.

es bei dieser Gruppe mit einer »zündfähigen, marktförmig-autoritären Gemengelage aus der Mitte der Gesellschaft heraus« zu tun.[57] Die betreffenden Personen zeigen wenig Solidarität mit jenen, die den neoliberalen Erfolgsanrufungen nicht entsprechen. Das folge der Logik: Verlierer müssen Verlierer schaffen, um sich selbst aufzuwerten, so Heitmeyer.[58] Die Ideologie der Ungleichwertigkeit liefere dafür die Munition. Kollektive Entsicherung und eine gesellschaftlich durchgesetzte Überzeugung, dass »jeder seines Glückes Schmied« ist, gingen Hand in Hand. Das erkläre auch, wieso Menschen eher nach unten als nach oben treten.

Selbstaufwertung durch Abwertung anderer ist eine von vielen regressiven Formen, in der Erfahrungen der Entsicherung und die daraus resultierende Verunsicherung verarbeitet werden, gespeist aus Anerkennungsverletzungen auf unterschiedlichen Ebenen. Nicht nur die Anerkennung der eigenen Leistung scheint versagt, sondern auch die Anerkennung als Mitglied eines sozialen Zusammenhangs, der Zugehörigkeit stiftet. Dieser wird unter anderem dann infrage gestellt, wenn sich die Menschen von »der Politik« nicht mehr »gesehen fühlen«. Die Nation als »imaginierte Gemeinschaft«[59] bietet dann vermeintliche Sicherheit (»geht es meiner Nation gut, geht es mir gut«) und Stabilität. Letzteres gründet in der Annahme, Nation sei etwas Natürliches und damit unverrückbar: »Tatsächlich zeigt der internationale Vergleich, dass die empfundenen Identitätsbedrohungen heute am ausschlaggebendsten dafür sind, dass sich Menschen dem autoritären Nationalradikalismus

---

57 Ebd.

58 Heitmeyer/Mansel: Gesellschaftliche Entwicklung, S. 43.

59 »Vorgestellt ist sie deswegen, weil die Mitglieder selbst der kleinsten Nation die meisten anderen niemals kennen, ihnen begegnen oder auch nur von ihnen hören werden, aber im Kopf eines jeden die Vorstellung ihrer Gemeinschaft existiert« (Benedict Anderson: Die Erfindung der Nation, erw. Ausgabe, Berlin 1998, S. 14–15).

zuwenden«.[60] Die Zugehörigkeit zu einem »Volk« diene dann als »identitärer Anker«. Damit ließen sich Verlustempfindungen (etwa von Anerkennung, Status, Selbstwert) psychologisch kompensieren.[61]

Das Konzept des »autoritären Kapitalismus« liefert einige Erklärungen für das Erstarken der Rechten in ganz Europa. Aber man kann dieses Erstarken nicht darauf reduzieren. Bei einigen Elementen der gruppenbezogenen Menschenfeindlichkeit, auf die hin Heitmeyer die deutsche Bevölkerung untersucht hat, wie zum Beispiel Sexismus oder Rassismus, handelt es sich nicht um abhängige Variablen der ökonomischen Verfassung, wie die Aufzählung der Elemente suggerieren könnte. Sie sind mehr als das; sie sind Ausdruck von ganz eigenen Herrschaftsformen, die unabhängig von Kapitalismus existieren (und das auch schon vor seiner Zeit taten). Aber sie treffen auf die grundlegenden Strukturen kapitalistischer Vergesellschaftung und wirken wechselseitig aufeinander ein.

Überblickt man die Debatte über die Ursachen des Erstarkens der Rechten, so lassen sich mit Daniel Mullis zwei unterschiedliche Positionen identifizieren: Die einen betonten eher kulturelle Faktoren wie die Ablehnung von kosmopolitischen, pluralistischen und postmaterialistischen Lebensentwürfen sowie die grundlegende Skepsis gegenüber Zuwanderung, die anderen verwiesen eher auf die ökonomische Prekarisierung und Abstiegserfahrungen. Die beiden Position hätten aber keinen ausschließenden Charakter, vielmehr stünden kulturelle und ökonomische Aspekte stets in Wechselwirkung. Oder anders ausgedrückt: Es gibt nicht den einen Faktor, auch nicht das eine Bündel, der bzw. das das Erstarken der Rechten erklären könne. Die Pfade nach rechts können, so Mullis, sehr vielfältig sein, sie seien

60 Heitmeyer: »Krisen und Kontrollverluste sind die wirkungsvollsten Treiber«.
61 Ebd.

auch abhängig von »lokalen Kontexten, der politischen Sozialisation sowie von Gelegenheitsstrukturen«.[62]

Die verkehrte Welt des Kapitalismus

Bei aller Verschiedenheit, wie sich autoritäre Einstellungsmuster und gruppenbezogene Menschenfeindlichkeit ausprägen – nicht nur im Grad der Radikalisierung, sondern auch in Abhängigkeit davon, aus welchen anderen Herrschaftsformen sie sich noch speisen (zum Beispiel Patriarchat) –, verweist ihre Kontinuität auf die tiefer liegenden Strukturen kapitalistischer Vergesellschaftung. Wie diese wahrgenommen oder eben nicht wahrgenommen werden, bildet eine wichtige Basis, auf der menschenfeindliche Ideologien aufsetzen können.

Für das Alltagsbewusstsein stellt sich Kapitalismus anders dar, als er ist, wie Ingo Stützle im Gespräch ausführlich erläutert hat. So scheint zum Beispiel im Lohn die geleistete Arbeit bezahlt zu werden (tatsächlich wird aber die Arbeitskraft bezahlt), was die Ausbeutung verschleiert. Darauf bezogen schrieb Marx: »Auf dieser Erscheinungsform, die das wirkliche Verhältnis unsichtbar macht und grade sein Gegenteil zeigt, beruhn alle Rechtsvorstellungen des Arbeiters wie des Kapitalisten, alle Mystifikationen der kapitalistischen Produktionsweise, alle ihre Freiheitsillusionen, alle apologetischen Flausen der Vulgärökonomie.«[63]

Auch weil »die Wirtschaft« als ein großer Zusammenhang von Kaufen und Verkaufen wahrgenommen wird, als reine Sphäre der Zirkulation von Gütern – unabhängig davon, ob es sich dabei um materielle Güter, Arbeitskraft oder Grund

62 Daniel Mullis: Der Aufstieg der Rechten in Krisenzeiten. Die Regression der Mitte, Ditzingen 2024, S. 33.

63 Karl Marx: Das Kapital. Erster Band, in: Karl Marx/Friedrich Engels: Werke [MEW], Berlin 1956 ff., Bd. 23, S. 562.

und Boden handelt –, wird der Blick auf den Zusammenhang von Zirkulations- und Produktionssphäre und damit auf das Verständnis der Entstehung des Mehrwerts verstellt. Nicht von ungefähr spricht Marx von den »verborgenen Stätten der Produktion«,[64] was die (Selbst-)Erkenntnis der untergeordneten Klasse erschwert. Ausbeutung wird so auf die Sphäre des Tauschs reduziert, wo niedrige Bezahlung oder schlechte Arbeitsbedingungen das Verständnis von Ausbeutung prägen, statt die Produktion von Mehrwert zu thematisieren.

Wenn Marx die kapitalistische Produktionsweise durch Ausbeutung charakterisiert, ist damit kein moralisches Urteil gemeint, sondern ein soziales Abhängigkeitsverhältnis, das unabhängig von der Bezahlung oder den guten oder schlechten Arbeitsbedingungen existiert. Denn wessen Existenz von Lohn abhängig ist, der muss seine Arbeitskraft verkaufen. Auch dieser spezifisch kapitalistische Zwangscharakter der Ausbeutung wird nicht *als solcher* wahrgenommen, vielmehr unterwerfen sich die Lohnabhängigen freiwillig dem Lohnarbeitsregime. Der Grund hierfür liegt zum einen darin, dass sie historisch in dieses Zwangsverhältnis hinein diszipliniert wurden, und zwar so lange, bis sie die Anforderungen dieser Produktionsweise »als selbstverständliche Naturgesetze« (Marx) anerkannten. Zum anderen erscheinen alle Menschen – ob Ausbeuter oder Ausgebeutete – gleichermaßen als freie und gleiche Subjekte, die lediglich die »Naturgesetze« der kapitalistischen Produktion (die ihnen als Naturgesetze jeder Produktion erscheinen) akzeptieren müssen.

Aus der Perspektive des Tauschs resultiert eine weitere verkehrte Wahrnehmung. So scheint die eigene Arbeit der Grund für Eigentum zu sein. Dieser Eindruck entsteht, weil im Tausch in der Regel Produkte (auch Dienstleistungen) ge-

64 Ebd., S. 189.

tauscht werden, die das Ergebnis von Arbeit sind: Geld zum Tauschen verdient man sich durch Arbeit, Güter oder Dienstleistungen entstehen durch Arbeit. Es sieht also im Tauschakt so aus, als bildeten Arbeit und Eigentum eine kausale Einheit. Arbeit erscheint der Grund von Eigentum schlechthin zu sein. Nicht in den Blick kommt dadurch, dass die Arbeit der Lohnabhängigen zwar Eigentum schafft, aber jenes der Eigentümer der Produktionsmittel, und dass es im Kapitalismus nicht die eigene Arbeit ist, die Eigentum schafft, sondern die Aneignung fremder Arbeit.[65]

Auf dieser verkehrten Vorstellung, dass Eigentum durch eigene Arbeit entsteht, basiert die herrschende Leistungsideologie, die in Volksweisheiten wie »ohne Fleiß kein Preis« zum Ausdruck kommt.[66] Da nun auch noch alle gleichermaßen eigentumsfähig sind (als gleiche und freie Rechtssubjekte), ergibt sich ganz von selbst das »meritokratische Prinzip«: Jeder kann Eigentum erarbeiten; was man im Leben erreicht, hänge daher davon ab, ob man sich angestrengt hat oder nicht.

Nicht nur die Perspektive des Tauschs, auch die Praxis der Privatproduktion erzeugt eine verkehrte Wahrnehmung der gesellschaftlichen Verhältnisse im Kapitalismus. Die Tatsache, dass die Privatproduzenten in Konkurrenz zueinander anonym und blind für einen Markt produzieren, führt zu Ergebnissen, die sie weder antizipieren noch auf ihr konkretes Handeln zurückführen können. Die Sphäre der Wirtschaft verselbstständigt sich auf diese Weise und erscheint wie ein mit Eigenleben begabter Organismus. So scheinen die Wirtschaftskrisen der kapitalistischen Ökonomie über

65 Ausführlicher dazu Sabine Nuss: Wessen Freiheit, welche Gleichheit? Das Versprechen einer anderen Vergesellschaftung, Berlin 2024, S. 61–70.

66 Die Abwertung von Bürgergeldempfängern, die fürs »Nichts-tun« Geld vom Staat bekämen, und die Kritik am »leistungslosen« Vermögen der Reichen basieren im Grunde auf der gleichen Annahme: dass es die eigene Leistung sei, die Eigentum begründet.

uns zu kommen wie eine Naturkatastrophe. Aber nicht nur das.

Die Praxis der Privatproduktion erzeugt Anschauungen, die Marx als »Fetischcharakter der Ware« bezeichnet hat: Damit ist der Umstand gemeint, dass unter den Bedingungen der Warenproduktion gesellschaftliche Verhältnisse der Personen sich als Verhältnis von Dingen darstellen, wodurch diese Dinge ein Eigenleben erhalten. Marx vergleicht das mit der »Nebelregion« der religiösen Welt: »Hier scheinen die Produkte des menschlichen Kopfes mit eignem Leben begabte, untereinander und mit den Menschen in Verhältnis stehende selbstständige Gestalten. So in der Warenwelt die Produkte der menschlichen Hand. Das nenne ich den Fetischismus, der den Arbeitsprodukten anklebt, sobald sie als Waren produziert werden, und der daher von der Warenproduktion unzertrennlich ist.«[67] Wie Menschen sich in Produktion und Verteilung als Tauschende aufeinander beziehen, nimmt im Kapitalismus die Form einer Bewegung von Sachen an, unter deren Kontrolle sie stehen, statt sie zu kontrollieren. Mit anderen Worten: Menschen erzeugen durch ihre Beziehungen Verhältnisse, die ihnen als selbstständige, eigengesetzliche und daher unkontrollierbare entgegentreten, ohne dass ihnen bewusst ist, dass sie selbst es sind, die diesen Kontrollverlust verursachen. »Sie wissen das nicht, aber sie tun es«, schreibt Marx.[68] Kontrollverlust ist daher kein Kennzeichen des Neoliberalismus, sondern Bestandteil kapitalistischer Produktionsweise.

Zur Verfestigung solcher Anschauungen tragen mediale Darbietungen wie die Sendung »Wirtschaft vor acht« bei, die vor der »Tagesschau« ausgestrahlt wird. Wir starren gebannt auf das Auf und Ab der Aktienkurse oder das Steigen und Fallen von Preisen, erfahren von Krisen und kalkulieren

67 Ebd., S. 86.
68 Ebd., S. 88.

die potenziellen Auswirkungen auf unser konkretes Alltagsleben. Am Ende der »Tagesschau« kommt dann mit einem ganz ähnlichen Duktus der Wetterbericht: Wir bekommen Informationen über das Steigen und Fallen der Temperaturen und richten unsere Alltagspläne entsprechend darauf aus. Beide Formate haben gemeinsam, dass über Veränderungen berichtet wird, auf die wir keinen Einfluss haben (oder zu haben scheinen), die über uns kommen wie eine außer uns stehende Macht und die unseren Alltag massiv beeinträchtigen können. Sprechweisen wie »die Preise steigen« (statt »die Preise werden – von Menschen – erhöht«) tragen zu dieser Wahrnehmung bei. Kapitalismus erscheint wie eine »verzauberte, verkehrte Welt«, in der »Monsieur le Capital und Madame la Terre als soziale Charaktere und zugleich unmittelbar als bloße Dinge ihren Spuk treiben«.[69]

Die mystifizierte Wahrnehmung von einer »Wirtschaft«, die mit einem schwer durchschaubaren, kaum kontrollierbaren Eigenleben begabt zu sein scheint, eignet sich als Projektionsfläche, um »fremde« Mächte hinter diesen Bewegungen zu vermuten, zumal in Krisenzeiten. Die Suche nach Schuldigen ist dann naheliegend. Etliche menschenfeindliche Ideologien können hier andocken.

Die faktische Verschleierung der Ausbeutungs- und Eigentumsverhältnisse durch die alltägliche Praxis im Kapitalismus kulminiert in dem, was Marx die »trinitarische Formel« genannt hat. Die Annahme, Arbeit sei die Quelle von Lohn, Grundbesitz die Quelle von Grundrente, Kapital die Quelle von Profit, verdeckt, dass sowohl Profit als auch Grundrente Teil der Mehrarbeit oder des Mehrwerts sind, den die eigentumslosen Lohnabhängigen[70] erarbeitet haben. In die-

69 Karl Marx: Das Kapital. Dritter Band, in: Karl Marx/Friedrich Engels: Werke [MEW], Berlin 1956 ff., Bd. 25, S. 838.

70 »Eigentumslos« meint, dass die Lohnabhängigen keine Verfügungsgewalt über Produktionsmittel haben, also kein produktives Eigentum.

ser mystifizierten Wahrnehmung tragen alle gleichermaßen zum Wachstum »unserer Wirtschaft« bei bzw. müssen es tun. Damit sind Klassenantagonismen verschleiert. So erscheint es plausibel, dass in schlechten Zeiten alle »mit anpacken müssen«, das heißt für »unsere Wirtschaft« mehr, länger oder für weniger Geld arbeiten sollen.

Zum Ausdruck kommt das etwa in der Rede von der »internationalen Wettbewerbsfähigkeit«, die als unhintergehbare Bedingung gilt und für deren Erreichen wir alle Opfer bringen müssen. Oder in den Worten Stephan Kaufmanns: Die »Einstellung und das Wahlverhalten« ergeben »sich nicht allein aus privaten wirtschaftlichen Sorgen der Menschen, sondern daraus, dass sie der Lagebestimmung der Regierenden folgen. Sie identifizieren ihre eigenen Nöte mit denen des Standortes, für sie haben ihre hohen Heizkosten und die Kostennachteile der heimischen Industrie die gleiche Quelle. Basis dieser Identifikation ist das – vertraute – Bild einer ›Volkswirtschaft‹ als Gemeinschaftsaufgabe, in der nicht die Eigentumslosen den Reichtum der Eigentümer verwerten, dafür einen Lohn erhalten und gegebenenfalls entlassen werden, sondern in der jeder seinen Dienst leisten muss – und von deren Erfolg alle tatsächlich abhängig sind. Diese Abhängigkeit vom Bruttoinlandsprodukt und seinem Wachstum ist die materielle Grundlage dafür, dass die Klassengesellschaft als Produktionsgemeinschaft umgedeutet wird, um deren Wettbewerbsfähigkeit sich alle sorgen sollen und die durch Umverteilung von oben nach unten nur gefährdet würde.«[71]

Die vermeintliche Interessengemeinschaft wird mittels der Kategorie Nation zusammengeschweißt. Standort-Nationalismus hat insofern auch den Effekt von Herrschafts-

71 Stephan Kaufmann: Aufstieg der Rechten: Fragmentierung statt Globalisierung, in: nd aktuell, 15.11.2024, https://www.nd-aktuell.de/artikel/1186795.das-beste-aus-dem-nd-aufstieg-der-rechten-fragmentierung-statt-globalisierung.html.

sicherung. Er übertüncht mit dem nationalen »Wir« die Klassengegensätze. Das ist die Basis, auf der die Lohnabhängigen über Grenzen hinweg gegeneinander ausgespielt werden können. Die Drohung lautet: Wenn ihr es nicht billiger macht, gehen wir ins Ausland.

Menschen, die »uns« in solchen Zeiten »auf der Tasche liegen«, sollen dann entweder staatliche Leistungen gekürzt oder gar gestrichen bekommen oder gleich – wenn sie keine Deutschen sind – aus dem Land geworfen werden. Die »imaginierte Gemeinschaft« der Nation konstruiert mit dem »Wir« automatisch »die Anderen«: die, die nicht dazugehören. Es ist wenig überraschend, dass Nationalismus die Abwertung von Minderheiten begünstigt und Nationalstolz positiv mit gruppenbezogener Menschenfeindlichkeit korreliert.[72] Der Mangel an Solidarität, der in neoliberalen Zeiten oft beklagt wird, rührt nicht nur aus einer verschärften Wettbewerbslogik, sondern auch aus dem Glauben an das ideologische Konstrukt »unsere Wirtschaft«. Wer ihrem Wohl im Wege steht bzw. nicht mit Fleiß und unter Aufbringung von Opfern dazu beiträgt, soll weg. Nationalismus ist dabei kein Alleinstellungsmerkmal rechter Weltanschauung. So kommt beispielsweise die ständige Beschwörung von Deutschlands Abstieg im internationalen Ranking direkt aus der demokratischen Mitte. Die Rechten müssen die Maßstäbe, die die gemäßigten Parteien anlegen, nicht erfinden, »sie liegen bereits vor und werden nur noch radikaler angewandt«.[73]

Mitunter wird unterstellt, dass Rechtsextremismus und autoritäre Einstellungsmuster direkt aus der kapitalistischen

72 Julia Becker/Oliver Christ/Ulrich Wagner/Peter Schmidt: Deutschland einig Vaterland? Riskante regionale und nationale Identifikationen in Ost- und Westdeutschland, in: Wilhelm Heitmeyer (Hrsg.): Deutsche Zustände. Folge 7, Frankfurt a. M. 2009, S. 113–130, S. 127.

73 Stephan Kaufmann: Macht Sparen rechts? Und warum?, in: Blog Politik & Ökonomie, 10.2.2024, https://politischeoekonomie.com/macht-sparen-rechts-und-warum.

Ordnung entstünden.[74] Das lässt sich allerdings nicht als Zwangsläufigkeit begreifen. Ausbeutung ist zwar ein Verhältnis sozialer Abhängigkeit und die Existenz von Klassen mit unterschiedlicher Macht, die sie auch ausüben, ist per se ein autoritäres, repressives Verhältnis.[75] Auch Konkurrenz als eine den Kapitalismus prägende Handlungsstruktur ist kein besonders solidarisches oder menschenfreundliches Verhältnis zwischen den Menschen. In ihr treten sich die Menschen im Wissen gegenüber, dass entweder sie oder der andere verlieren wird. Allgemein treffen in Marktbeziehungen gegensätzliche Interessen aufeinander. Diese Gegensätze durchziehen die Gesellschaften wie ein feines Netz, was Bündnisse und Organisierung nicht nur erschwert; es begünstigt auch die klassische Herrschaftsstrategie des »Teile und Herrsche« und »vertuscht« das Verbindende der unteren Klasse: ihre Lohnabhängigkeit. Obgleich diese Strukturen für sich genommen bereits potenziell trennenden Charakter besitzen, bleibt prinzipiell offen, wie man sich in ihnen individuell verhält. Ob man darin nur den eigenen Gewinn sucht und den anderen achselzuckend, gleichgültig begegnet, gar die anderen abwertet oder ob man der allgegenwärtigen Konkurrenz und der Abwertung anderer ablehnend gegenübersteht, das hängt letztlich von vielen Variablen ab. Die kapitalistischen Strukturen von Konkurrenz, Ausbeutung und systemischer Ungleichheit gehen mit anderen Herrschaftsformen, die erst einmal unabhängig sind vom Kapitalismus, eine Wechselwirkung ein. Patriarchale Unterdrückung oder Rassismus nehmen eine spezifische Form an, sie zeigen sich

74 Mense/Goetz: Rechts, wo die Mitte ist, S. 10.

75 Was nicht bedeutet, dass sich dieses Verhältnis auch immer autoritär zeigen muss. Es hängt zum Beispiel ab von Unternehmenskulturen, wie Ausbeutung organisiert wird. Überstunden, kürzere Pausen oder schnelleres Arbeiten können von einem despotischen Management angewiesen werden, von einem freundlichen kollegialen Chef als Bitte vorgetragen (die abzuweisen aber eher nicht vorgesehen ist) oder bei flachen Hierarchien gemeinsam im Team beschlossen werden.

in historisch zurückliegenden Klassengesellschaften anders als in kapitalistischen. Konkurrenz verläuft im Kapitalismus beispielsweise tendenziell entlang der Merkmale Herkunft oder Geschlecht (oder beides zugleich). Diese verschiedenen miteinander verstrickten Herrschaftsformen finden in der Mystifizierung der kapitalistischen Strukturen einen perfekten Resonanzboden für autoritäre Einstellungen und menschenfeindliche Ideologien. Die Naturalisierung der herrschenden Verhältnisse, ihre scheinbare Naturgesetzlichkeit, verstärkt schließlich diese Einstellungen.

Der verdrängte Kapitalismus

Es ist der 20. Juni 2025, ich sitze mit dem Klimaaktivisten Tadzio Müller in einem tamilischen Restaurant in Zürich. Schnell kreist unser Gespräch um das Thema »Verdrängung«. Wenn Müller in seinen Texten und Vorträgen von den »Verdrängungsgesellschaften« spricht, zielt er auf den Klimawandel. Die Menschen hätten ihn »in einen Raum des Nichtbewusstseins«[1] verschoben und hielten aller Erfolgsmeldungen zum Ausbau erneuerbarer Energien zum Trotz an fossilen Energien fest. 2023 sei weltweit mehr Energie aus Kohle, Erdöl und Erdgas verbraucht worden als jemals zuvor.

Es hat 36 Grad, die Sonne brennt wie der Vorbote einer Apokalypse auf der Haut. Wir sitzen im Schatten. Man kann dort gut das Wissen um die vermutlichen Gründe dieser Empfindung verdrängen. So lange, bis »die Suchmaschine meines Hirns« nicht mehr auf dieses Wissen zugreifen kann. »File not found«, würde da dann stehen. So beschreibt Tadzio Müller das, was er unter Verdrängung versteht.[2]

Dieser Juni, so recherchiere ich später, war der zweitwärmste Juni in der Schweiz seit Messbeginn 1864. Die Folgen des Klimawandels brechen nicht nur in Form wiederkehrender katastrophaler Unwetter über uns herein. Sie kriechen langsam in unser Alltagsleben. Insekten, die es früher nicht gab, zu heiße Tage zu früh im Jahr, Appelle der Kommunen, sparsam mit Wasser umzugehen, Meldungen von Hitzetoten, so viele wie noch nie in den urbanen Zentren, Dürre auf den Feldern. Wir stehen unmittelbar vor dem Klimakollaps, schreibt Tadzio Müller über den »Verdrängungsbullshit«. Wenn wir nicht schon mittendrin sind. Der Klimawandel ist gleichwohl breit anerkannt. Die Folgen sichtbar und spürbar. Man muss da schon aktiv verdrängen.

1 Tadzio Müller: Klimakommunikation ohne Verdrängungsbullshit, in: Blog Klima, Kollaps, Kommunikation, 23.8.2024, https://klima-kollaps-kommunikation.de/beitraege/klimakommunikation-ohne-verdrangungsbullshit.

2 Ebd.

Müller fragt nach einer Zigarette. Ich hatte eigentlich mit Rauchen aufgehört, aber manchmal mache ich eine Ausnahme. Dabei weiß ich: Jede Zigarette ist eine Zigarette zu viel. Ich habe Jahre geraucht, obwohl ich wusste, dass es mir schadet. Manche meiner rauchenden Freunde drehen die Zigarettenschachtel um, weil sie die grauenvollen Fotos von schwarzen Lungen und Raucherbeinen auf den Packungen nicht sehen wollen. Manche nesteln die Zigaretten auch umständlich in Etuis oder kaufen blickdichte Hüllen für die Schachteln. Ganz bewusst entfernen Raucher jede Erinnerung daran, dass Rauchen der Gesundheit schadet. Sie wollen es verdrängen, sie wollen sich den Spaß am Rauchen nicht verderben lassen oder nicht damit konfrontiert werden, dass sie abhängig sind. Verdrängen, um weitermachen zu können. Sie wollen den Status quo erhalten, der aus einer Wette darauf besteht, dass es sie schon nicht treffen wird. Ungefähr so stelle ich mir die Verdrängung vor, die Tadzio Müller den Industriegesellschaften bezüglich des Klimawandels attestiert: Der globale Norden dreht die Schachtel mit der Kollapswarnung einfach um.

Sigmund Freud, ein Name, der einem nicht zufällig in diesem Kontext einfällt, ist der Begründer der Psychoanalyse. Ihm zufolge ist Verdrängung ein Prozess, der eine »den Trieb repräsentierende Vorstellung«[3] davon abhalten soll, das Bewusstsein zu erreichen. »Wir sagen dann, sie befinde sich im Zustande des ›Unbewussten‹«,[4] schreibt Freud, und weiter: »Alles Verdrängte muss unbewusst bleiben, aber wir wollen gleich eingangs feststellen, daß das Verdrängte nicht alles Unbewusste deckt. Das Unbewusste hat den weiteren Umfang; das Verdrängte ist ein Teil des Unbewussten.«[5] Das

3 Sigmund Freud: Das Unbewusste [1915], in: Sigmund Freud: Studienausgabe, hrsg. von Alexander Mitscherlich, Angela Richards und James Strachey, Frankfurt a. M. 1975, Bd. 3, S. 125.

4 Ebd.

5 Ebd.

Strukturmodell der Psyche von Freud ist komplexer und geht über die einfache Unterscheidung von Bewusstheit und Unbewusstheit und die Rolle der Verdrängung darin hinaus. Sich daran zu erinnern, ist hier nur insoweit von Interesse, als damit das aktive Verdrängen »unangenehmer Wahrheiten« unterschieden werden kann von Vorgängen, die eine Stufe »tiefer« liegen, das heißt, die dem Bewussten verborgen und im Unbewussten eingeschlossen sind. Sie können nicht so schnell zugänglich gemacht werden bzw. braucht es dazu größere oder gezielte Anstrengungen.

Historisch ging die Entstehung des Kapitalismus einher mit der Emanzipation aus persönlichen Abhängigkeitsverhältnissen, wie etwa der Leibeigenschaft, bei der man unmittelbar dem Grundherren unterworfen war. Vor allem mit der Durchsetzung des Privateigentums an Produktionsmitteln entstand eine neue untergeordnete Klasse, deren Mitglieder zwar persönlich frei waren, die aber über keine Produktionsmittel verfügen und die deshalb von jener Klasse abhängig sind, deren Mitglieder über Produktionsmittel verfügen. Anders gesagt: Die soziale Form, in der die untergeordnete Klasse ausgebeutet wurde, erfuhr einen Wandel von einer persönlichen Abhängigkeit in eine sachliche Abhängigkeit, die von Lohnarbeit. Im Selbstverständnis der kapitalistischen Gesellschaften sind diese Ursprünge verdrängt, damit aber auch ihr andauerndes Fortwirken. Der »verdrängte Kapitalismus« ist die Grundlage, auf der das Selbstverständnis der Individuen als grundsätzlich freie und gleiche Bürger beruht.

Wenn Marx schreibt, dass alle »Rechtsvorstellungen des Arbeiters wie des Kapitalisten«[6] auf der Art und Weise beruhen, wie strukturelle Ausbeutung im Kapitalismus unsichtbar gemacht wird, dann heißt das auch: Es gibt keinen

6 Karl Marx: Das Kapital. Erster Band, in: Karl Marx/Friedrich Engels: Werke [MEW], Berlin 1956 ff., Bd. 23, S. 562.

privilegierten Standort der Erkenntnis. Nur weil jemand als Lohnarbeiter ausgebeutet wird, durchschaut er das Verhältnis nicht eher oder besser als der Kapitalist oder irgendeine andere Lohnabhängige. Allerdings ist damit auch nicht gesagt, dass die kapitalistische Produktionsweise samt ihren Mystifikationen überhaupt nicht erkannt werden könnte. Es gibt seit Langem wissenschaftliche Auseinandersetzungen, politische Analysen und unzählige Debatten, in denen versucht wird, die kapitalistische Gesellschaft zu begreifen. Häufig mit der Absicht, sie zu einem besseren, gerechteren Ort zu machen. Wie darin die mystifizierten Strukturen der kapitalistischen Vergesellschaftung zum Tragen kommen, ist allerdings sehr unterschiedlich.

Im einleitenden Kapitel des vorliegenden Buchs wurden die Maßnahmen einer »antifaschistischen Wirtschaftspolitik« skizziert. Sie geht von der Annahme aus, dass der Staat, wäre nur der politische Wille vorhanden, eine Art »guten Kapitalismus«[7] gestalten könne. Wenn dann noch gesagt wird, dass die Wettbewerbsfähigkeit der *deutschen* Unternehmen gestärkt werden solle oder dass »*Deutschland* kräftiges und dauerhaftes Wirtschaftswachstum brauche«,[8] wird auch der nationalstaatliche Rahmen akzeptiert, in dem die Maßnahmen »antifaschistischer Wirtschaftspolitik« greifen sollen. Damit wird nicht nur stillschweigend ein Nationalismus

---

7 Der Ausdruck ist dem Buch »Der gute Kapitalismus« entlehnt, deren Autoren die Überzeugung teilen, dass mit dem richtigen Grad an Regulierung des Marktes durch Staat und Gesellschaft ein Wirtschaftsmodell erreicht werden könnte, das allen Menschen zugutekommt. Dabei bräuchte man auf die Dynamik des Kapitalismus nicht verzichten; vgl. Sebastian Dullien/Hansjörg Herr/Christian Kellermann: Der gute Kapitalismus ... und was sich dafür nach der Krise ändern müsste, Bielefeld 2009. Zur Kritik daran vgl. Sabine Nuss: Der Gebrauchsanleitungskapitalismus, in: Zeitschrift LuXemburg 2/2010, https://zeitschrift-luxemburg.de/artikel/der-gebrauchsanleitungs-kapitalismus.

8 Tom Krebs/Isabella Weber: Ein Fair New Deal für Deutschland, in: Wirtschaftsdienst. Zeitschrift für Wirtschaftspolitik, Januar 2025, https://www.wirtschaftsdienst.eu/inhalt/jahr/2025/heft/1/beitrag/ein-fair-new-deal-fuer-deutschland.html?.

reproduziert, an den die rechten Ideologien andocken, sondern auch die Konkurrenz zwischen den Lohnarbeitenden der unterschiedlichen Länder nicht infrage gestellt, mit der das Kapital weltweit die Beschäftigten grenzüberschreitend gegeneinander ausspielt. Das Plädoyer für dauerhaftes Wirtschaftswachstum verdeckt schließlich, dass dies auf Ausbeutung beruht, die sich nicht darin erschöpft, dass Menschen schlecht bezahlt werden. Die Vorstellung von einem »gerechten« oder »guten Kapitalismus« basiert auf dem Kapitalismus, wie er in der »verzauberten, verkehrten Welt« (Marx) erscheint. So werden die grundlegenden Einsichten in die kapitalistische Vergesellschaftung und deren Mystifizierung »verdrängt«, sodass immer wieder nach »Schuldigen« gesucht werden muss[9] – es ist genau das, was autoritäre Einstellungsmuster anschlussfähig macht.

Nun ist es wichtig, auch unter den bestehenden Bedingungen für eine Verbesserung der Lebensverhältnisse der Menschen zu kämpfen, und dabei können auch einzelne Maßnahmen einer »antifaschistischen Wirtschaftspolitik« hilfreich sein. Bei diesem Kampf kommt es aber darauf an, die gesellschaftlichen Kräfteverhältnisse zu verschieben, ohne an den nationalistischen Versprechen »unserer Wirtschaft« anzuknüpfen. In der Weltmarktkonkurrenz gewinnen zu wollen, heißt immer auch, »andere zu ruinieren«.[10] Wie in den Gesprächen mit Ingo Stützle, Andrej Holm, Stephan Kaufmann und Antonella Muzzupappa deutlich geworden ist, geht es darum, die (wenn auch begrenzten) Möglichkeiten innerhalb der kapitalistischen Gesellschaften auszunutzen. Aber, darin waren sich alle Interviewten einig, das reicht nicht. Wenn die grundlegenden kapitalistischen Strukturen

9 Bei den Vertretern eines »guten Kapitalismus« sind es die Politiker, die einer falschen Politik folgen.

10 Michael Heinrich/Sabine Nuss: Weg vom nationalen Wir, in: nd, 22.11.2024, https://www.sabinenuss.de/2024/11/22/wir/.

unangetastet bleiben, werden sie und ihre Auswirkungen nicht nur stillschweigend reproduziert, die heute erreichten Erfolge werden in der nächsten Krise auch wieder kassiert.

Sollen Maßnahmen einer »antifaschistischen Wirtschaftspolitik« nachhaltig sein, müssen sie in eine längerfristig angelegte, durchdachte und planvolle Strategie eingebettet werden. Eine, die die Beschränkungen dieser Reformen – vor allem den Zwang zur Akkumulation des Kapitals – Schritt für Schritt zurückdrängt und über Kapitalismus und seinen nationalstaatlichen Rahmen hinausweist. »Antifaschistische Wirtschaftspolitik« läuft sonst Gefahr, am Ende nur »als Bekenntnis zu den bestehenden Verhältnissen verstanden zu werden«, wie Clara Mattei befürchtet.[11]

Der Kompass für eine solche Strategie wäre es, die Produktion von Gütern und Dienstleistungen sukzessive aus ihrer Instrumentalisierung als »Kapitalvermehrungs-Maschine« zu befreien. Nicht mehr der Zwang zur Profitmaximierung soll Maßstab der gesellschaftlichen Reproduktion sein, sondern die Frage, wie die Bedürfnisse aller Menschen gestillt werden können, sowohl unter der Maßgabe guter Arbeitsbedingungen als auch unter der der Schonung von Naturressourcen. Das setzt nicht nur die Demokratisierung der Wirtschaftssphäre voraus. Es braucht dazu die Überwindung kompetitiver Beziehungen auf allen Ebenen der Wirtschaft und ihre Transformation in kooperative, demokratische Abstimmungspraktiken.[12] Bezogen auf den Diskurs (und die Praxis) der »internationalen Wettbewerbsfähigkeit« sollte

11 Clara Mattei: »Austerität soll Druck ausüben«, in: nd, 29.11.2024, https://www.nd-aktuell.de/artikel/1187180.das-beste-aus-dem-nd-clara-mattei-austeritaet-soll-druck-ausueben.html.

12 Kooperation gibt es auch im Kapitalismus, aber beschränkt durch die Logik des Kapitalismus. Aufseiten des Kapitals zum Beispiel bei Preisabsprachen, die aber – wenn sie überhaupt legal sind – nur der Verbesserung der Rentabilität dienen. Auch aufseiten der Lohnarbeitenden wird kooperiert, etwa im Rahmen gewerkschaftlicher Zusammenschlüsse, um einen Lohn durchzusetzen, der die Reproduktion der Arbeitskraft ermöglicht.

daher stets auf das zerstörerische Potenzial des herrschenden »race to the bottom« hingewiesen werden. Internationale Kooperation sollte auch und gerade auf dem Gebiet der Wirtschaft die konfliktträchtige Konkurrenz auf dem Weltmarkt ablösen. Dafür gilt es Partner zu finden.

All das ist eine Herkulesaufgabe und nicht von heute auf morgen zu erreichen. Es braucht darüber hinaus weitergehende Überlegungen und Ausarbeitungen dessen, in welchen kurzfristigen und langfristigen Schritten ein solcher Wandel vonstattengehen könnte und wie sich wirtschaftspolitische Maßnahmen so in Strategien einbetten lassen, dass sie einen den Kapitalismus transzendierenden Charakter erhalten. Im Gespräch mit Andrej Holm ist deutlich geworden, wie eine solche Strategie im Bereich Wohnen aussehen könnte: Damit der geforderte Mietendeckel nachhaltig wirken kann, braucht es zeitgleich eine begleitende Transformation der Wohnraumversorgung insgesamt. Der Kampf der Kampagne »Deutsche Wohnen & Co enteignen« für die Vergesellschaftung von Wohnraum kann dafür ein Baustein sein.[13]

Karla Hildebrandt und Lukas Warning vom Verein communia, einem Thinktank für »Demokratische Wirtschaft, Vergesellschaftung und öffentlichen Luxus«, schlagen ebenfalls Einstiegsprojekte vor: »Es braucht die Perspektive auf ein gerechteres System jenseits des Kapitalismus. Vergesellschaftung, insbesondere von Gütern der Daseinsvorsorge wie Wohnraum, Mobilität und Gesundheitsversorgung, ist hier das richtige Einstiegsprojekt.«[14] Am Ende müsse die demo-

13 Ausführlich dazu Ralf Hoffrogge: Das laute Berlin. Deutsche Wohnen & Co enteignen und die Wiederkehr der Vergesellschaftung, Berlin 2025.

14 Karla Hildebrandt/Lukas Warning: Perspektive jenseits des Kapitalismus, in: nd, 2.4.2025, https://www.nd-aktuell.de/artikel/1190262.antifaschistische-wirtschaftspolitik-perspektive-jenseits-des-kapitalismus.html. Auch die Rosa-Luxemburg-Stiftung konzipiert länger schon »Einstiegsprojekte«, derzeit »Strategien für feministisches Vergesellschaften«; vgl. https://www.sorgende-staedte.org.

kratische Kontrolle der Industrie durch die Beschäftigten und eine demokratisch organisierte öffentliche Daseinsvorsorge stehen.[15] Auch im Rahmen der Vorschläge für eine »antifaschistische Wirtschaftspolitik« fällt die Forderung nach Demokratisierung der Wirtschaft.[16] Wichtig wäre hier, dass Mitbestimmung nicht einfach die Beteiligungsmöglichkeiten der Belegschaft in Betrieben meint, die weiter der Marktlogik unterworfen sind. Erst eine Vergesellschaftung mit ihrem gemeinnützigen und kooperativen Charakter würde es ermöglichen, »die Produktion in den Dienst aller Menschen zu stellen, anstatt die Menschen in den Dienst der Wirtschaft«.[17]

Es liegt auf der Hand, dass wirtschaftspolitische Reformen nur dann erfolgreich umgesetzt werden können, wenn die entsprechenden gesellschaftlichen Kräfteverhältnisse gegeben sind oder erzielt werden können. Für eine umfassendere Transformation gilt das umso mehr. Forderungen nach Vergesellschaftung, wie sie nicht nur die Mietenbewegung, sondern auch die Klimabewegung und soziale Bewegungen im Gesundheitsbereich erhoben haben, seien bisher allerdings nur für Teile der Wirtschaft ausbuchstabiert, schreibt Ralf Hoffrogge: »In den Gewerkschaften sind sie nicht verankert und nur die Mietenbewegung hat mit ihren Volksentscheiden Druckmittel zur Umsetzung erprobt.«[18]

15 Ebd.

16 Carla Reemtsma/Tom Krebs/Ines Schwerdtner: »Antifaschistische Wirtschaftspolitik – ein geeigneter strategischer Begriff gegen die Faschisierung?«, Gespräch, in: Zeitschrift LuXemburg (im Erscheinen).

17 Stephan Kaufmann: Die Ökonomen-Antifa. Welche Wirtschaftspolitik könnte gegen den Rechtstrend helfen?, in: nd, 29.11.2024, https://www.nd-aktuell.de/artikel/1187171.linke-wirtschaftspolitik-die-oekonomen-antifa.html. Eine ausführlichere Beschreibung einer Langfriststrategie mit dem Ziel einer postkapitalistischen Gesellschaft habe ich an anderer Stelle vorgelegt, vgl. Sabine Nuss: Wessen Freiheit, welche Gleichheit? Das Versprechen einer anderen Vergesellschaftung, Berlin 2024, S. 152–162.

18 Ralf Hoffrogge: Demokratie statt Marktlogik, in: nd 29.11.2024, https://www.nd-aktuell.de/artikel/1187179.liberalismus-vs-sozialismus-demokratie-statt-marktlogik.html.

Die Debatte um Vergesellschaftung liefere bislang zwar noch keine detaillierte Transformationsstrategie, »aber sie ist ein Anfang«.[19]

Und das Gute ist: Es gibt zunehmend mehr Menschen, die ernsthaft an einem Einstieg in den Ausstieg arbeiten und die Beschränkungen einer kapitalistischen Marktwirtschaft hinter sich lassen wollen. Ihre Überwindung wäre ein Gewinn an Freiheit für alle: »Wirtschaft« wäre wieder kontrollierbar und kein über die Gesellschaft hereinbrechendes Naturereignis. Die Eigentumslosigkeit wäre überwunden, da mittels demokratischer Kooperation alle gleichermaßen Zugang hätten zum gesellschaftlich produzierten Reichtum. Damit erst wäre soziale Sicherheit nachhaltig. Existenzangst, ebenso wie Angst vor Altersarmut oder Angst vor der Zukunft würde obsolet werden. Vor allem aber gründeten die gesellschaftlichen Beziehungen nicht mehr auf Konkurrenz.

Es gibt gute Gründe anzunehmen, dass eine solche Gesellschaftsform für menschenfeindliche Einstellungen, Hass und Gewalt weit weniger anschlussfähig wäre, als es die gegenwärtige ist. Insofern sich eine »antifaschistische Wirtschaftspolitik« nicht mit einzelnen Geländegewinnen auf dem Terrain des Kapitalismus zufriedengibt, kann sie durchaus Teil einer solchen emanzipatorischen Bewegung sein. Aber nur insofern.

19 Ebd.

Literatur

Adorno, Theodor W.: Aspekte des neuen Rechtsradikalismus [1967], München 2019.

Albanese, Giuseppe/Barone, Guglielmo/de Blasio, Guido: Populist voting and losers' discontent: Does redistribution matter?, in: European Economic Review, Bd. 141/2022, Artikel Nr. 104000.

Amlinger, Carolin/Nachtwey, Oliver: Demokratischer Faschismus, in: Jacobin, 1.5.2025, https://jacobin.de/artikel/demokratie-faschismus-oliver-nachtwey-carolin-amlinger.

Anderson, Benedict: Die Erfindung der Nation, erw. Ausgabe, Berlin 1998.

Becker, Julia/Christ, Oliver/Wagner, Ulrich/Schmidt, Peter: Deutschland einig Vaterland? Riskante regionale und nationale Identifikationen in Ost- und Westdeutschland, in: Wilhelm Heitmeyer (Hrsg.): Deutsche Zustände. Folge 7, Frankfurt a.M. 2009, S. 113–130.

Becker, Lia: Der Horizont eines sozialen Antifaschismus, in: Zeitschrift LuXemburg 1/2025, https://zeitschrift-luxemburg.de/artikel/der-horizont-eines-sozialen-antifaschismus.

Bläsius, Julia/Bollrich, Elisabeth/Overmeyer, Jonathan: Abgebaut, abgehängt, abgewählt. Wie kann Daseinsvorsorge die Demokratie stärken?, Studie der Friedrich-Ebert-Stiftung, Bonn 2025, https://library.fes.de/pdf-files/a-p-b/22243.pdf.

Candeias, Mario: Allianz eines sozialen Antifaschismus, in: Blog Institut Solidarische Moderne, 12.5.2025, https://www.solidarische-moderne.de/de/article/726.allianz-eines-sozialen-antifaschismus-kein-kartell-der-parteien.html.

Ciccolini, Guiseppe: Who is Left Behind? Economic Status Loss and Populist Radical Right Voting, 14.4.2025, https://www.cambridge.org/core/journals/perspectives-on-politics/article/who-is-left-behind-economic-status-loss-and-populist-radical-right-voting/8DD23A6C5454488E7F41F7C5633B095F.

Cremaschi, Simone/Rettl, Paula/Cappelluti, Marco/E. De Vries, Catherine: Geographies of Discontent. Public Service Deprivation and the Rise of the Far Right in Italy, Working Paper 24-024, 1.11.2023, Harvard Business School.

David, Olivier: Antifaschistische Rentenpolitik. Einen Weg aus der Altersarmut gibt es nur kollektiv, in: nd, 26.11.2024, https://

www.nd-aktuell.de/artikel/1187063.altersarmut-antifaschistische-rentenpolitik.html.

Dörre, Klaus: In der Warteschlange. Arbeiter*innen und die radikale Rechte, Münster 2020.

Dullien, Sebastian/Herr, Hansjörg/Kellermann, Christian: Der gute Kapitalismus, Bielefeld 2009.

Federle, Jonathan/Mohr, Cathrin/Schularick, Moritz: Inflationsschocks stärken extremistische und populistische Parteien bei Wahlen, Institut für Weltwirtschaft, Kiel, 4.12.2024, https://www.ifw-kiel.de/de/publikationen/aktuelles/inflationsschocks-staerken-extremistische-und-populistische-parteien-bei-wahlen.

Fetzer, Thiemo: Did Austerity Cause Brexit?, in: American Economic Review, Bd. 109, November 2019, S. 3849–3886.

Foullong, Uwe: Aus der Geschichte lernen: Antifaschistische Wirtschaftspolitik gegen Rechtsextremismus, in: Blog der Arbeitsgruppe Alternative Wirtschaftspolitik e.V., 18.12.2024, https://www.alternative-wirtschaftspolitik.de/de/article/10656887.antifaschistische-wirtschaftspolitik.html.

Fowé, Maxine/Weber, Isabella: Mietenstopp gegen rechts, in: Surplus. Das Wirtschaftsmagazin, 24.4.2025, https://www.surplus-magazin.de/mietenstopp-rechts-afd-wohnen-miete.

Fraser, Nancy: Hegemonie in der Krise. Weshalb Trump das Machtvakuum nicht füllt und was das für gegenhegemoniale Projekte bedeuten könnte, in: Zeitschrift LuXemburg 1/2018, https://zeitschrift-luxemburg.de/artikel/hegemonie-in-der-krise.

Freiheit, Manuela/Heitmeyer, Wilhelm/Sitzer, Peter: Autoritäre Allianzen, in: Zeitschrift LuXemburg, Dezember 2020, https://zeitschrift-luxemburg.de/artikel/autoritaere-allianzen.

Freud, Sigmund: Das Unbewusste [1915], in: Sigmund Freud: Studienausgabe, hrsg. von Alexander Mitscherlich, Angela Richards und James Strachey, Bd. 3, Frankfurt a. M. 1975.

Friedrich, Sebastian: Krise als Kampffeld. Entstehung, Entwicklung und Erfolg der AfD vor dem Hintergrund gesellschaftlicher Entwicklungen, in: Thorsten Mense/Judith Goetz (Hrsg.): Rechts, wo die Mitte ist. Die AfD und die Modernisierung des Rechtsextremismus, München 2018, S. 18–36.

Gabriel, Ricardo Duque/Klein, Mathias/Pessoa, Ana Sofia: The Political Costs of Austerity, Working Paper Series No. 418, Sveriges Riksbank, Stockholm 2022.

Gold, Robert/Lehr, Jakob: Regionalpolitik wirkt gegen Populismus, Institut für Weltwirtschaft, Kiel, 9.4.2024, https://www.ifw-kiel.de/de/publikationen/aktuelles/regionalpolitik-wirkt-gegen-populismus.

Gross, Eva/Gundlach, Julia/Heitmeyer, Wilhelm: Die Ökonomisierung der Gesellschaft. Ein Nährboden für Menschenfeindlichkeit in oberen Status- und Einkommensgruppen, in: Wilhelm Heitmeyer (Hrsg.): Deutsche Zustände. Folge 9, Berlin 2010, S. 138–157.

Groß, Eva/Hövermann, Andreas/Nickel, Amelie: Entsicherte Marktförmigkeit als Treiber eines libertären Autoritarismus, in: Andreas Zick/Beate Küpper/Nico Mokros (Hrsg.): Die distanzierte Mitte. Rechtsextreme und Demokratie gefährdende Einstellungen in Deutschland, hrsg. von der Friedrich-Ebert-Stiftung, Bonn 2023, S. 243–258.

Han, Byung-Chul: Psychopolitik. Neoliberalismus und die neuen Machttechniken, Frankfurt a. M. 2014.

Heidjann, Jörg: Was ist die Gaspreisbremse?, https://www.strom-auskunft.de/gas/gaspreisbremse.

Heinrich, Michael/Nuss, Sabine: Weg vom nationalen Wir, in: nd, 22.11.2024, https://www.sabinenuss.de/2024/11/22/wir/.

Heitmeyer, Wilhelm: Autoritäre Versuchungen, 4. Aufl., Berlin 2020.

Heitmeyer, Wilhelm: »Der Begriff ›Rechtspopulismus‹ ist viel zu verharmlosend«, Interview, in: Deutschlandfunk Kultur, 10.11.2018, https://www.deutschlandfunkkultur.de/soziologe-wilhelm-heitmeyer-der-begriff-rechtspopulismus-100.html.

Heitmeyer, Wilhelm: »Die AfD emotionalisiert Probleme«, Interview, in: die tageszeitung, 4.10.2024, https://taz.de/Soziologe-Heitmeyer-ueber-Autoritarismus/!6039342.

Heitmeyer, Wilhelm: Gruppenbezogene Menschenfeindlichkeit (GMF) in einem entsicherten Jahrzehnt, in: Wilhelm Heitmeyer (Hrsg.): Deutsche Zustände. Folge 10, 4. Aufl., Berlin 2014, S. 15–41.

Heitmeyer, Wilhelm: Gruppenbezogene Menschenfeindlichkeit: Die theoretische Konzeption und empirische Ergebnisse aus den Jahren 2002, 2003 und 2004, in: Wilhelm Heitmeyer (Hrsg.): Deutsche Zustände. Folge 3, Frankfurt a. M. 2005, S. 13–36.

Heitmeyer, Wilhelm: »Krisen und Kontrollverluste sind die wirkungsvollsten Treiber«, Interview, in: Philosophie Magazin, 19.6.2023, https://www.philomag.de/artikel/wilhelm-heitmeyer-krisen-und-kontrollverluste-sind-die-wirkungsvollsten-treiber.

Heitmeyer, Wilhelm/Heyder, Aribert: Autoritäre Haltungen. Rabiate Forderungen in unsicheren Zeiten, in: Wilhelm Heitmeyer (Hrsg.): Deutsche Zustände. Folge 1, Frankfurt a. M. 2002, S. 59–94.

Heitmeyer, Wilhelm/Kirsten Endrikat: Die Ökonomisierung des Sozialen. Folgen für »Überflüssige« und »Nutzlose«: Wilhelm Heitmeyer (Hrsg.): Deutsche Zustände. Folge 6, Frankfurt a. M. 2008, S. 55–72

Heitmeyer, Wilhelm/Mansel, Jürgen: Gesellschaftliche Entwicklung und Gruppenbezogene Menschenfeindlichkeit: Unübersichtliche Perspektiven, in: Wilhelm Heitmeyer (Hrsg.): Deutsche Zustände. Folge 6, Frankfurt a. M. 2008, S. 13–35.

Hensel, Jana: Geld schützt nicht vor Radikalen, in: Die Zeit, 25.4.2024, S. 20.

Heussner, Frederick: Antifaschistische Ökonomik? Na klar! Aber was heißt das?, in: Exploring Economics, November 2024, https://www.exploring-economics.org/de/entdecken/antifaschistische-oekonomik.

Hildebrandt, Karla/Warning, Lukas: Perspektive jenseits des Kapitalismus, in: nd, 2.4.2025, unter: https://www.nd-aktuell.de/artikel/1190262.antifaschistische-wirtschaftspolitik-perspektive-jenseits-des-kapitalismus.html.

Hoffrogge, Ralf: Das laute Berlin. Deutsche Wohnen & Co enteignen und die Wiederkehr der Vergesellschaftung, Berlin 2025.

Hoffrogge, Ralf: Demokratie statt Marktlogik, in: nd, 29.11.2024, unter: https://www.nd-aktuell.de/artikel/1187179.liberalismus-vs-sozialismus-demokratie-statt-marktlogik.html.

Hövermann, Andreas: Die Verdoppelung des AfD-Elektorats. Erkenntnisse aus dem WSI-Erwerbspersonenpanel 2020–2025, WSI-Study 42, hrsg. von der Hans-Böckler-Stiftung, Düsseldorf 2025.

Hübscher, Evelyne/Sattler, Thomas/Wagner, Markus: Does Austerity Cause Polarization?, in: British Journal of Political Science 53, 2023, S. 1170–1188.

Hutzler, Alexandra: The president-elect said he won in part because of his vow to slash food bills, ABC News, 13.12.204, https://abc7ny.com/post/trump-now-says-bringing-down-grocery-prices-will-be-hard/15651643

Jacobs, Alan/Kayser, Mark: Downward Mobility and Far-Right Party Support: Broad Evidence, in: Comparative Political Studies, 27.6.2025, https://doi.org/10.1177/00104140251349663.

Kaufmann, Stephan: Aufstieg der Rechten: Fragmentierung statt Globalisierung, in: nd aktuell, 15.11.2024, unter: https://www.nd-aktuell.de/artikel/1186795.das-beste-aus-dem-nd-aufstieg-der-rechten-fragmentierung-statt-globalisierung.html.

Kaufmann, Stephan: Die Ökonomen-Antifa. Welche Wirtschaftspolitik könnte gegen den Rechtstrend helfen? in: nd, 29.11.2024, https://www.nd-aktuell.de/artikel/1187171.linke-wirtschaftspolitik-die-oekonomen-antifa.html.

Kaufmann, Stephan: Macht Sparen rechts? Und warum?, in: Blog Politik & Ökonomie, 10.2.2024, https://politischeoekonomie.com/macht-sparen-rechts-und-warum.

Krebs, Tom/Weber, Isabella: Ein Fair New Deal für Deutschland, in: Wirtschaftsdienst. Zeitschrift für Wirtschaftspolitik, Januar 2025, https://www.wirtschaftsdienst.eu/inhalt/jahr/2025/heft/1/beitrag/ein-fair-new-deal-fuer-deutschland.html?.

Marx, Karl: Das Kapital. Dritter Band, in: Karl Marx/Friedrich Engels: Werke [MEW], Berlin 1956 ff., Bd. 25.

Marx, Karl: Das Kapital. Erster Band, in: Karl Marx/Friedrich Engels: Werke [MEW], Berlin 1956 ff., Bd. 23.

Mattei, Clara: »Austerität soll Druck ausüben«, Interview, in: nd,29.11.2024, https://www.nd-aktuell.de/artikel/1187180.das-beste-aus-dem-nd-clara-mattei-austeritaet-soll-druck-ausueben.html.

Mau, Steffen/Lux, Thomas/Westheuser, Linus: Triggerpunkte: Konsens und Konflikt in der Gegenwartsgesellschaft, E-Book, Berlin 2023.

Mense, Thorsten: Autoritäre Formierung und identitäres Bedürfnis, in: Thorsten Mense/Judith Goetz (Hrsg.): Rechts, wo die Mitte ist. Die AfD und die Modernisierung des Rechtsextremismus, Münster 2024, S. 50–72.

Mense, Thorsten/Goetz, Judith: Linke Analysen einer modernisiert rechtsextremen Partei, in: Thorsten Mense/Judith Goetz (Hrsg.): Rechts, wo die Mitte ist. Die AfD und die Modernisierung des Rechtsextremismus, München 2018, S. 7–17.

Mudde, Cas: Rechtsaußen. Extreme und radikale Rechte in der heutigen Politik weltweit, Bonn 2020.

Müller, Tadzio: Klimakommunikation ohne Verdrängungsbullshit, in: Blog Klima, Kollaps, Kommunikation, 23.8.2024, https://klima-kollaps-kommunikation.de/beitraege/klima-kommunikation-ohne-verdrangungsbullshit.

Mullis, Daniel: Der Aufstieg der Rechten in Krisenzeiten. Die Regression der Mitte, Ditzingen 2024.

Nuss, Sabine: Der Gebrauchsanleitungskapitalismus, in: Zeitschrift LuXemburg 2/2010, https://zeitschrift-luxemburg.de/artikel/der-gebrauchsanleitungskapitalismus.

Nuss, Sabine: Wessen Freiheit, welche Gleichheit? Das Versprechen einer anderen Vergesellschaftung, Berlin 2024.

Paxton, O. Robert: Anatomie des Faschismus, München 2006.

Reemtsma, Carla/Krebs, Tom/Schwerdtner. Ines: »Antifaschistische Wirtschaftspolitik – ein geeigneter strategischer Begriff gegen die Faschisierung?«, Gespräch, in: Zeitschrift LuXemburg (im Erscheinen).

Schaefer, Dagmar/Mansel, Jürgen/Heitmeyer, Wilhelm: Rechtspopulistisches Potential. Die »saubere Mitte« als Problem, in: Wilhelm Heitmeyer (Hrsg.): Deutsche Zustände. Folge 1, Frankfurt a. M. 2002, S. 123–135.

Schwerdtner, Ines/Scholle, Lukas: Den Höhenflug der AfD stoppt nur soziale Politik, in: Jacobin, 5.6.2023, https://jacobin.de/artikel/den-hoehenflug-der-AfD-stoppt-nur-soziale-politik-bjoern-hoecke-christian-lindner-robert-habeck-antifa-heisst-wohlfahrtsstaat-ines-schwerdtner-lukas-scholle.

Schwerdtner, Ines: Wirtschaft für die Mehrheit. Demokratische Kontrolle zurückgewinnen, 13.11.2025, https://www.die-linke.de/start/nachrichten/detail/wirtschaft-fuer-die-mehrheit.

Stanley, Jason: Wie Faschismus funktioniert, E-Book, Neu-Isenburg 2024.

Strobl, Natascha: Radikalisierter Konservatismus, Berlin 2021.

Strohschneider, Tom: Hat man sich die falschen Kämpfe ausgesucht?, in: Linke tl;dr, 22.6.2025, https://engelbecken.substack.com/p/hat-man-sich-die-falschen-kampfe?utm_source=substack&utm_medium=email.

Weber, Isabella: »Angst ist ein wichtiger Faktor. Ökonomin Weber zu Wirtschaft unter Trump«, Interview, in: die tageszeitung, 11.11.2024, https://taz.de/Oekonomin-Weber-zu-Wirtschaft-unter-Trump/!6047444.

Weber, Isabella: »Can we now finally have a serious conversation about an anti-fascist economics?«, Tweet vom 6.11.2024, https://x.com/isabellamweber/status/1854028015430185234?t=x41oJJGBSzsfqO4Npo3iXg.

Weber, Isabella: Das Gespenst der Inflation. Wie China der Schocktherapie entkam, Berlin 2023.

Weber, Isabella: »Eine antifaschistische Wirtschaftspolitik ist dringender denn je«, Interview, in: Süddeutsche Zeitung, 27.1.2025, S. 14.

Weber, Isabella: »Fünf antifaschistische Wirtschaftsvorschläge, um den Rechtsruck zu stoppen«, Interview, in: Der Freitag, 16.12.2024, https://www.freitag.de/autoren/nina-scholz/isabella-weber-fuenf-antifaschistische-wirtschaftsideen-gegen-den-rechtsruck.

Weber, Isabella: »Höhere Staatsausgaben bremsen den Aufstieg der AfD«, Interview, in: Der Spiegel, 27.1.2025, https://www.spiegel.de/wirtschaft/soziales/oekonomin-isabella-weber-hoehere-staatsausgaben-bremsen-den-aufstieg-der-afd-a-8185f156-8ec6-4312-aa40-09dee34b494d.

Weber, Isabella: »So geht antifaschistische Wirtschaftspolitik«, Interview, in: Jacobin, 18.11.2024, https://jacobin.de/artikel/isabella-weber-preiskontrollen-inflation-trump-biden-antifaschistische-wirtschaftspolitik.

Weber, Isabella: Über antifaschistische Wirtschaftspolitik, Forum New Economy, Berlin Summit 2025, 17.6.2025, https://www.youtube.com/watch?v=m-IusrmGXRo&t=1s.

Weber, Isabella: Zum Einfluss der Inflation auf die Wahl Donald Trumps. Forum Re-live. Online-Diskussion auf dem Forum New Economy Symposium vom 20.11.2024, https://newforum.org/forum-re-live-isabella-weber-zum-einfluss-der-inflation-auf-die-wahl-donald-trumps/, 20.11.2024.

Weiß, Volker: Die autoritäre Revolte. Die Neue Rechte und der Untergang des Abendlandes, Stuttgart 2017.

Wörsching, Mathias: Faschismustheorien: Überblick und Einführung, Stuttgart 2020.

Zelik, Raul: Die Linke muss internationalistischer werden, in: nd, 19.6.2025, https://www.nd-aktuell.de/artikel/1192019.linkspartei-die-linke-muss-internationalistischer-werden.html?sstr=zelik.

Zimmermann, Astrid: Antifaschistische Wirtschaftspolitik ist gut, aber nicht genug, in: Jacobin, 30.5.2025, https://jacobin.de/artikel/klassenkampf-rechtsruck-solidaritaet-arbeitskampf-organisierung-antifa-linke-rechtsextremismus-afd-populismus.